시민권의 기준과
　　　정당성의 재설계

시민권
누가 시민이 되는가

Citizenship by Elizabeth F. Cohen and Cyril Ghosh
ⓒ Elizabeth F. Cohen and Cyril Ghosh 2019
All rights reserved.

Korean translation edition ⓒ CIR, Inc. 2025
This edition is published by arrangement with Polity Press Ltd. Cambridge, England
through Bestun Korea Agency, Seoul, Korea
All rights reserved.

이 책의 한국어 판권은 베스툰 코리아 에이전시를 통하여 저작권자인 Polity Press Ltd.와 독점 계약한 도서출판 씨아이알에 있습니다.
저작권법에 의해 한국 내에서 보호를 받는 저작물이므로 어떠한 형태로든 무단 전재와 무단 복제를 금합니다.

시민권의 기준과
정당성의 재설계

시민권
누가 시민이 되는가

엘리자베스 코언 / 시릴 고시 지음
권용진 옮김

씨아이알

일러두기

1. 외래어 표기는 국립국어원 외래어표기법 규정을 따랐으나, 용례가 굳어진 경우에는 통용되는 표기를 따랐다.
2. 본문 내 고딕은 원문의 이탤릭을 옮긴 것이다.
3. 옮긴이가 독자의 이해를 돕기 위해 덧붙인 주석에는 (옮긴이) 표시를 했으며, 그 외의 주석은 모두 원저자의 것이다.
4. 단행본 및 정기간행물의 제목은 『 』, 논문 제목은 「 」로 표기했다.
5. 국내에 번역 출간된 단행본이 본문에 언급된 경우 국역본 제목을 따랐고, 번역 출간되지 않은 경우 최대한 원제에 충실하게 번역하고 원제를 병기했다.

옮긴이의 글
Translator's Preface

어떤 개념들은 그것이 '무엇'인지는 이미 잘 알고 있으므로, 단지 '어떻게' 실현할지만 고민하면 되는 것으로 여겨진다. 예컨대 인권, 인간 존엄성, 자유, 민주주의와 같은 개념들이 그러하다. 하지만 그러한 개념들을 정의하는 결정적 속성들을 하나씩 따져 보고, 전형적인 사례와 그렇지 않은 사례들을 떠올려 보면, 이러한 개념들이 실상은 얼마나 빈약한 말놀이였는지를 알게 된다. 이 책은 그러한 문제의식을 바탕으로 '시민권'이라는 개념에 대한 비판적 해체 작업을 시도한다.

원서 『Citizenship』은 폴리티Polity 출판사의 '정치이론 핵심 개념Key Concepts in Political Theory' 시리즈 중 하나로서, 학계뿐 아니라 정책 입안 분야에서도 자주 거론되는 시민권 개념을 학술적으로 분석한 책이다. 첫 번째 저자인 엘리자베스 코언Elizabeth F. Cohen은 보스턴 대학교 정치학과 교수로서, 이 책에서 다룬 시민권과 이민자 문제뿐 아니라 정치에서 시간의 가치를 연구한 학자로 알려져 있다. 그녀의 저서 『정치는 어떻게 시간을 통제하는가?The Political Value of Time』는 이미 국내에도 번역·출간된 바 있다. 두 번째 저자인 시릴 고시Cyril Ghosh는 클라크 대학교 정치학 교수로서, 대표 저서로 『아메리칸 드림의 정치학The Politics of the American Dream: Democratic Inclusion in Contemporary American Political Culture』이 있다.

이 책의 원서가 2019년 출간된 이래 적지 않은 시간이 흘렀음에도, 저자들이 제기한 문제들은 사라지기는커녕 더욱 극단적인 형태로 도처에 도사리고 있다. 미국에서는 도널드 트럼프 대통령의 재선과 더불어 강력한 관세 정책과 폐쇄국경론이 맹위를 떨치게 되었고, 이민자 수용 국가의 대표적 상징이던 독일 역시 최근 총선에서 다문화주의와 세계화를 강하게 반대하는 극우 정당 '독일대안당AfD'이 원내 제2당으로 약진했다. 여러 선진국에서 난민과 이민자에 대한 불관용이 득세하며 폐쇄적 민족주의로 회귀하는 오늘날의 현실 속에서, 저자들이 이야기하는 세계시민주의나 개방국경론은 실현 가능성이 더욱 요원해 보인다.

우리나라는 이러한 역풍으로부터 안전할 것인가? 법무부 출입국·외국인정책본부의 『출입국·외국인정책 통계월보』(2024)에 따르면 국내 거주 외국인은 268만 9,317명으로 전년 대비 증가했다. 이는 국내 총인구의 5%를 넘어서는 수치로, 전문가들이 다문화사회 진입의 기준으로 삼는 비율을 초과한 것이다. 이에 따라 이민자 권리의 법적 보장을 둘러싸고 갑론을박이 오가고 있으며, 내국인들의 외국인 혐오와 차별 문제 또한 만연하다. 특히 국내의 경우 외국인 이주의 주요한 흡인 요인이 노동력 감소에 따른 산업적 요소임을 감안할 필요가 있으며, 그러한 경제적 이민을 국가가 적극적으로 주도하고 있다는 점까지 고려해야 한다. 우리의 필요에 의해 받아들인 외국인 이민자들에게 충분한 권리를 보장하지 않은 채 차별, 배제, 무관심으로 일관하는 것은 자유민주주의 국가로서 한국의 지위를 위태롭게 만들 수 있다.

이런 견지에서 '시민권' 개념에 대한 이 책의 논의는 다문화사회에 진입한 우리나라가 이민자에게 부여할 수 있거나 부여해야 하는 '권리의 꾸러미'에 어떤 내용이 담겨야 하는지를 고민하게 한다. 내국인 입장에서 시민권은 태어나면서 자연스럽게 취득하는 것이며, 그에 따라 공교육을 받을 권리나 투표할 권리 등 그에 결부된 여러 권리들 또한 숨 쉬듯 자연스럽게 행사된다. 하지만 외국인의 시선에서 보면, 이러한 권리 관계는 필연적이라기보다는 국가가 제정하는 규범과 제도에 종속되는 것으로서, 그 이면에는 헤게모니를 취득한 세력이 국가권력을 통해 실현하고자 하는 모종의 의도나 가치가 숨어 있기 마련이다. 예컨대 1장의 출생지주의에 대한 설명은 시민권이 단순히 출생했다는 사실만으로 주어지는 '자연스러운' 권리라는 통념을 재고하게 한다. 이러한 낯설게 하기는 우리가 당연시하던 시민권 개념을 해체하면서, 때로는 그 허구성을 드러내고, 때로는 특정 집단을 배제하기 위해 교묘하게 작동하는 장치임을 깨닫게 한다.

이 책을 번역하기로 마음먹은 데에는 교사이자 시민교육 전공자로서의 개인적 경험이 많은 영향을 주었다. 소위 '강남 3구'라 불리는 학군지의 중학교에서 근무하다가 이주 배경 학생이 많은 학교로 옮겨 처음 학생들을 만났을 때 겪었던 생소한 느낌이 아직 생생하다. 교실에서 마주한 학생들은 하나같이 생기 있고 열의 넘쳤지만, 가정 배경을 살펴보니 어떤 학생은 이주 배경 다문화가족 학생으로서 지원 대상자로 등록되어 있었고, 또 다른 학생은 외국인 부모의 체류자격 문제가 불거져 한국에 남아있기 위해 비자 문제를 해결해야 하는 절박한 상황에 처해 있었다.

비슷한 시기에 대학원에서 수강한 다문화교육 관련 수업에서는 '이민자들에게 보장되어야 하는 권리는 어디까지인가?'라는 화두로 한 학기 내내 고민했다. 또한 같은 해 겨울 재외동포청에서 수행한 재외동포 이해 교육 방안과 관련된 프로젝트에서는 국적이나 시민권이 없음에도 한국에 대한 동포 의식을 바탕으로 성숙한 시민성을 보여주는 재외동포의 사례를 접할 수 있었다. 이 이야기들은 시민권에 대해 서로 다른 이야기를 하고 있지만, 모두 실제 우리 현실에 뒤섞여 존재하는 담론들이다. 이 번역본은 그러한 복잡한 이야기들에 대해 생각을 정리하고 싶은 역자의 개인적 고민의 산물이기도 하다.

이 책은 시민권에 대한 다양한 내용을 담고 있어 그 활용 방안 또한 폭넓게 생각해볼 수 있다. 1장부터 3장에 해당하는 전반부에서는 시민권이라는 개념 자체를 탐구한다. 시민권이 왜 '본질적으로 논쟁적인 개념'인지에 대한 설명으로 시작해, 시민권을 둘러싼 정치철학적 관점들을 폭넓게 소개한다. 이를 통해 시민권 자체뿐만 아니라 국가와 시민의 관계, 권력이 제도로써 구체화되는 메커니즘을 바라보는 다양한 시각을 접할 수 있다. 후반부에서는 현실 속에서 시민권과 관련되어 나타나는 여러 현안들이 소개된다. 4장은 실제 여러 국가가 시민권을 어떤 방식으로 부여하거나 박탈하는지에 대한 비교정치학 연구의 성격을 띤다. 마지막 5장은 시민권과 가장 직접적으로 맞닿아있는 국제사회 문제로서 난민, 무국적자 등 위기에 처한 이들을 사람들을 조명하며 개방 국경을 둘러싼 담론을 소개하며 마무리된다.

아무리 정의로운 개념이나 원칙을 고안하더라도, 그것이 현실에서 실행·집행되는 과정에서 누군가는 그 정의에 의해 부정의를 겪는 피해자가 될 수 있다. 예컨대 강제적 요인으로 타국에 이주한 난민들은 '적법'한 시민권 취득 절차를 거치지 않았다는 이유만으로 기본적 권리를 보장받지 못할 가능성이 크다. 이렇게 보면 시민권은 특정 집단을 범죄화하고 낙인찍을 수 있는 좋은 수단이 된다. 이 책에서 제시된 여러 대립적 관점들을 탐구함으로써, 학생들은 논쟁적인 개념을 둘러싼 다양한 시각을 이해하고 그 현실화 방안에 대해 고민할 기회를 얻을 수 있을 것이다. 또한 후반부의 내용은 국제 이주와 관련된 여러 현안들을 간략히 요약해 제시하고 있으므로, 관련 당국은 정책 입안에 필요한 정보를 참고할 수 있을 것이다.

짧은 어법 지식 탓에 자연스럽게 표현하기 어려운 부분이 많았으나, 가장 골머리를 앓았던 부분은 개별적인 영어 어휘를 한국어 단어로 일대일 대응하여 옮기는 일이었다. 학술 서적의 특성상 핵심 개념이 단순히 사전에서 풀이되는 단어로 직역되는 경우는 거의 없었다. 당장 이 책의 제목이자 대주제인 citizenship부터가 '시민권' 또는 '시민성'으로 풀이되는 다의어이다. '시민권'이란 법적인 측면에서 국가가 시민에게 제도적으로 보장하는 권리라는 의미가 강한 반면, '시민성'은 공화주의적 덕성으로서 시민이 지녀야 할 인성이자 책무가 된다. 역자의 전공 분야는 'citizenship education'이며, 이를 '시민성 교육'으로 자연스럽게 받아들여 온 터라 citizenship을 시민성으로 옮기고 싶은 욕구를 참기 힘들었다. 그러나 저자의 의도는 국가권력이 규정하는 '시민' 개념이 지닌 허구성을 드러내는 데에 있으므로, 우선적으로 '시민권'이라는 용어를 사용하였다. 다만 맥락에 따라 시민의 덕성이 강조되는 단락에서는 시민성으로 옮겼다.

그 외에 도착어가 근본적으로 담아내지 못해 놓치게 된 원어 어휘의 뉘앙스를 몇 가지 더 밝혀두고자 한다. 예컨대 1장에서 citizenship과 nationality를 구분하는 대목의 경우, 영어에서는 nationality가 '(여권상의) 국적'과 '민족성'이라는 두 가지 의미로 사용되기 때문에, 원서에서는 그 의미를 구분하는 작업이 별도로 서술되어 있다. 그러나 한국어에서는 두 해석이 각각 별개의 번역어로 존재한다. 결국 이 부분은 번역을 거치면서 단순히 서로 다른 두 어휘의 뜻을 설명하는 대목으로 전락하고 말았다. 또한 시민권citieznship과 대비되는 제한적 시민을 의미하는 개념으로 3장에 등장하는 데니즌denizen과 마지즌margizen은 학술적 번역어를 고려하여 각각 '거류민'과 '주변민'으로 옮기려 하였다. 그러나 이어지는 단락에 이들의 권리나 특성을 묘사하는 'denizenship(그리고 margizenship)'이라는 단어가 등장하였다. 이 단어들마저 '거류민권' 내지는 '주변민권'으로 옮기기에는 지나치게 인위적인 조어가 될 수 있어 결국 해당 어휘는 데니즌과 마지즌으로 고유명사화하였다. 이 밖에도 애매한 어휘 선정이나 번역투 등 문체상의 문제로 원문의 의도가 잘못 전달되거나 매끄러운 독해를 방해하는 부분이 있다면, 이는 전적으로 역자의 책임이다.

이 번역서가 역자 혼자만의 힘으로 탄생한 것이 아님에도, 역자의 이름 석 자만이 게재되어 있다는 사실이 겸연쩍고 부끄럽다. 지도교수로서 정치철학과 윤리교육 분야를 가르치시며 역자의 석사논문 작성과 박사과정에 이르기까지 세심한 가르침을 베풀어 주신 서울대학교 사회교육과 정원규 교수님의 조언과 지도가 없었더라면 이 책은 세상에 나오지 못했을 것이다. 또한 같은 길을 걷는 학문 공동체로서 항상 든든한 지지가 되어 준 사회교육과 대학원 식구들, 특히 번역 교정을 직접 도와주고 응원을 아끼지 않은 김세인, 김정안, 김주현, 박도은, 이예지 선생님께 깊이 감사드린다. 부족한 번역서가 세상에 나올 수 있도록 기꺼이 출간을 허락해 주신 도서출판 씨아이알의 김성배 사장님과 출판부 관계자 여러분께도 이 자리를 빌려 감사 말씀을 드린다.

2025년 8월

권용진

옮긴이의 글　_5

들어가는 글 Introduction　_17

01 무엇이 시민권인가? What is Citizenship?　_29
서론　_29
본질적으로 논쟁적인 개념　_31
시민권 개념 구체화하기　_34

02 시민권의 이론들 Theories of Citizenship　_57
서론　_57
고전적 모델　_59
사회계약론과 시민권　_64
현대적 시민권 이론　_72

03 시민권 이론의 변화 Citizenship Theory Transformed　_89
서론　_89
정치적·법적 사상의 역사　_92
이론적 접근들　_95
비국가중심 접근　_113
탈인류중심적 접근　_121

04 현실에서의 시민권 Citizenship in Practice _129
서론 _129
시민권의 결정요인 _131
의무와 책임 _136
귀화에 대한 규범 _145

05 위태로운 시민권 Compromised Citizenship _157
서론 _157
난민 관련 주요 개념 _158
피난의 법적·실제적 모호성 _165
무국적자, 국적 및 시민권 박탈자 _167
국경 개방을 정낭화할 철학적 근거는 존재하는가? _177

미주 _191
찾아보기 _220

들어가는 글
Introduction

들어가는 글
Introduction

'시민권'이라는 말은 우리에게 낯설지 않다. 예컨대, 어떤 나라의 시민권을 가진다는 것은 곧 특정한 권리를 누릴 자격을 의미한다. 그 가운데 하나가 바로 그 나라가 발행한 여권을 가질 수 있는 권리다. 여권을 가진 사람은 국외에서 비자와 같은 별도의 추가 서류 없이 언제든 자국으로 돌아올 수 있다. 또한 일정 연령에 도달한 성인 시민에게는 대개 지역선거, 중앙선거, 연방 선거에서 투표할 권리가 보장된다. 이러한 사실들은 우리 모두에게 너무도 익숙하다.

그러나 자세히 들여다보면 시민이 아님에도 장기체류가 허가된 합법적 거주자들 또한 존재하며 몇몇 국가에서는 이들 또한 투표권을 (최소한 일부 선거에서라도) 가진다는 점을 알 수 있다. 그와 반대로 시민권을 가진 국민임에도 그들이 거주하는 국가에서 투표를 할 수 없는 경우도 있다. 어떤 국가에서 시민권을 가진다는 것은 그가 속한 정치공동체에 대하여 권리뿐만 아니라 의무까지 갖는다는 것을 의미하는데, 예컨대 배심원단에 참여하여 동료 시민의 운명을 결정지을 의무, 소득의 일부를 세금으로 납부할 의무 등이 있다. 이러한 의무들은 국가별로 다르게 나타나는데, 이런 배심원 제도가 없는 나라도 있고, 투표를 의무화한 나라도 있으며, 일정 연령에 도달한 자에게 병역의 의무를 지우는 나라도 있다.

따라서 시민권이란 개념을 명확히 정의하기란 사실은 결코 쉽지 않다. 시민권과 결부된 권리와 의무들은 이 세상의 모든 시민들에게 동일하게 할당되지 않는다. 마찬가지로 시민이 아닌 자들이라고 해서 시민이 특정 맥락에서 지니는 권리로부터 전적으로 배제되는 것도 아니다. 즉 시민권과 결부된 권리와 의무들은 시간, 장소와 맥락에 따라 다양하게 조합되어 나타난다.

예를 들어, 2014년 7월 1일 미국 켄터키주 루이빌에 살고 있는 로빈슨 가족을 가상의 사례로 들어보자.

티파니 로빈슨은 1971년 루이빌에서 태어났다. 출생시민권*을 가진 성인으로서, 그녀는 미국 시민권과 관련된 모든 권리를 누릴 자격이 있다. 티파니의 남편 조지도 1971년 루이빌에서 태어났다. 그는 2009년 무장 강도 혐의로 유죄 판결을 받은 전과가 있다. 따라서 (티파니 마찬가지로) 일반적인 성인 시민이고 출생시민권을 가지고 있음에도 불구하고, 켄터키주에서는 전과자에게 선거권을 인정하지 않기 때문에 투표를 할 수 없다.

---

*   (옮긴이) 미국 출생자에게 자동으로 부여되는 시민권

그들의 딸 다이애나 로빈슨은 1990년 루이빌에서 태어났다. 그녀는 스스로를 레즈비언으로 정체화하며, 결혼을 원하는 연인 빅토리아와 오랜 관계를 유지하고 있다. 부모와 마찬가지로 다이애나 역시 출생시민권을 가진 성인 시민이다. 그러나 그녀는 켄터키주에서 빅토리아와 결혼할 수 없다. 이 당시(2014년) 연방 정부는 그녀의 결혼을 법적으로 유효한 것으로 인정하지만, 켄터키주는 그렇지 않기 때문이다.* 한편 다이애나의 남동생 바비 로빈슨은 1995년에 태어났고 현재 군대에서 복무 중이다. 바비는 티파니, 조지, 다이애나와 마찬가지로 출생시민권을 가진 성인 시민이지만, 군인 신분이기 때문에 일부 권리는 제한된다. 예컨대 통일 군사 재판법Uniform Code of Military Justics, UCMJ에 따라 그는 민간 법정에서 재판을 받을 권리를 보장받지 못할 수 있다.

이제 코왈스키 가족의 사례를 살펴보자. 이들도 2014년 7월 1일 미국 켄터키주 루이빌에 살고 있었다.

루 코왈스키는 1976년 바르샤바에서 태어났으며, 2006년 취업 허가를 받고 미국으로 이주했다. 아내 가브리엘라와 아들 알렉산더는 2007년 8월, 가족 동반 비자를 통해 미국에 입국했다. 가브리엘라는 1975년 바르샤바에서 태어났으며 알렉산더 역시 2000년 바르샤바에서 태어났다. 가브리엘라가 미국으로 이주한 직후, 그녀와 루는 2008년 루이빌에서 딸 카밀라를 낳았다. 하지만 안타깝게도, 카밀라가 태어나고 얼마 되지 않아 루는 급작스러운 심장마비로 사망하였다. 생전 루는 일시 체류 중인 외지인이

---

* 이 법은 2015년 오버게펠 대 호지스Obergefell v. Hodges 연방대법원 결정을 통해 개정되었다.

들어가는 글 | 19

자 기간제 근로자 신분이었고 그 덕분에 미국에서 많은 권리를 누릴 수 있었다. 하지만 그는 결코 시민은 아니었으므로, 미국 선거에서 투표할 수는 없었다. 루의 사망 후, 가브리엘라와 알렉산더는 미국 체류 자격이 (이제는 사망한) 루와의 가족관계에 의존하고 있었기 때문에, 허가받지 않은 입국자가 되고 말았다. 이로 인해 이제 두 사람 모두 미국에서 극히 제한된 권리만을 누리며 살고 있다. 만약 알렉산더가 2007년 6월 15일 이전에 미국에 도착했더라면 다카DACA(미국 불법 체류 청소년 추방 유예) 프로그램 수혜 자격을 얻을 수 있었겠지만, 그는 그 시점보다 6주 늦게 입국했다. 반면 미국에서 출생시민권을 가진 카밀라는 18세가 되는 즉시 시민권과 관련된 모든 종류의 권리를 누릴 수 있다. 그러나 2014년 7월 1일 기준으로 그녀는 많은 권리를 가지고 있지만 아직 18세가 되지 않았기 때문에 투표권은 없다.

이 사례들이 시사하는 바는, 특정한 시간, 특정한 정치공동체 속에서 누군가는 완전한 시민적 권리를 누리는 반면 누군가는 그 절반만, 누군가는 전혀 누리지 못한다는 점이다.[1] 보다 형식적으로 설명하자면, 우리는 시민권을 범주화할 수 있는 이분법적인 개념이라고 생각하여 시민이냐 아니냐를 마치 계단의 윗단이냐 아랫단이냐를 결정하듯이 구분할 수 있다고 오해하지만 현실에서 사람들이 겪는 시민권은 계단보다는 연속적으로 이어진 경사로나 비탈길에 가깝다. 따라서 시민권은 '있다' 또는 '없다'의 구분이 아니라 더 많거나 더 적게 가지고 있는지의 판별로 설명될 수 있을 것이다.

이 책에서 다루고자 하는 것은 오늘날의 시민권 개념에 대한 비교적 포괄적인 설명의 일종이다. 그러한 설명을 위해서 우리는 이 주제에 대해 시민권의 미묘한 의미 차이를 고려하여 신중하게 접근해야 하며, 또한 최소한 시민권 개념이 가진 다음의 세 차원에 익숙해져야 한다.

(a) 시민권의 실제에 대해 설명하는 이론들
(b) 현실에서의 시민권 개념이 거쳐 온 역사적 발달과정
(c) 삶의 경험으로서, 그리고 '행정적 합리성'*을 위한 수단으로서의 시민권

이어지는 본문에서, 우리는 시민권 개념이 가진 이 모든 측면들에 대해 다룰 것이다. 1장은 시민권 개념 그 자체를 명확히 하는 간단한 논의로 시작한다. 그렇게 함으로써 우리는 용어를 정의하는 것이 고도로 복잡한 작업이라는 것을 강조할 것이다. 시민권 개념은 실로 월터 브라이스 갈리W. B. Gallie가 '본질적으로 논쟁적인 개념'이라 칭한 것의 예시라 할 만 하다.

학자들은 시민권이 규범을 생성하는 개념이어야 하는지 아니면 규범에 종속되는 개념이어야 하는지에 대해서도 의견의 불일치를 보인다. 시민권이 일종의 '권리 모음집'을 선사하는 개념으로 풀이된다는 점에는 광범위한 합의가 이루어져 있으나, 이 모음집 안에 든 실제 내용물이 정확히 무엇인지에 대해서는 의견이 분분하다. 개념 명확화 작업의 목

---

* '행정적 합리성'이라는 용어는 관료제 국가에서 의사결정 절차가 진행되는 방식에 관한 것으로, 특히 공공정책에 적용되는 경우가 많다. John M. Pfiffner, "Administrative Rationality," *Public Administration Review* 20(3) (1960): 125-132.

적 중 하나는 이러한 논쟁점들을 솎아내어 그 개념의 필요조건(그러나 충분조건은 아닌)들을 확실히 규정하는 데에 있다. 또한 여기서는 시민권 개념을 그것과 밀접한 연관이 있는 '신민subjecthood', '국적nationality' 등의 개념과도 의미상의 구분을 짓는다.

2장에서는 시민성에 대한 정석적인 설명이라고 학자들이 인정한 영향력 있는 시민권 이론에 대해 다룬다. 이 장은 전근대, 근대 사회에서의 시민권 사상에 대한 간략한 역사적 탐구로 시작하는데, 구체적으로는 존 로크John Locke, 장 자크 루소Jean-jacques Rousseau와 같은 저명한 철학자들의 저작에 주목할 것이다. 근대의 자유주의적 시민권 모델은 오늘날 시민권의 이론뿐 아니라 실제와도 연관된 서구 민주주의 사상에 지대한 영향을 주었다. 이 모델은 시민 공동체의 복리보다 개인의 권리를 우선시하며 자유의 증진을 추구하는데, 우리의 맥락에서는 주로 국가가 개인의 사적인 삶에 간섭하는 것을 주저하게 만드는 조건으로서 받아들여진다.

3장에서 우리는 시민권에 대한 한 가지 학문적 설명의 개요를 소개하는데, 이는 2장에서 논의하였던 시민권 이론의 두 가지 유형인 자유주의와 시민 공화주의를 파괴하고 변형하는 것을 목표로 한다. 우리는 로저 스미스Rogers Smith의 주장에 따라, 미국의 시민적 이상은 항상 자유주의와 시민 공화주의적 규범을 모두 포함하는 '다중적 전통'을 따라왔으며 이에 따라 정체성에 근거한 계층화와 차별이 법률과 사회적 의사표현으로서 나타난다는 점을 지적할 것이다.

또한 이 장에서는 전통적인 시민권 이론에 대한 주요한 비판점들을 소개할 것이다. 이는 페미니스트, 탈민족주의, 다문화주의 등의 접근법으로부터 파생되며, 지역적subnational 시민권, 지방 시민권, 이중/다중 시민권, 유사 시민권, 생태적/환경적 시민권, 세계/국제 시민권과 같은 다양한 개념들을 포함한다. 전통적 사고에 대한 이러한 파괴에 대해 세부적으로 논의함과 동시에, 우리는 이 논의들을 크게 네 가지 유형, 즉 정치적, 법적 사상의 역사에 기반한 것, 이론적 접근법에 기반한 것, 국가중심주의에 대한 반대론에 기반한 것, 그리고 인간중심주의에 대한 반대론에 기반한 것으로 분류할 것이다.

여기서 우리는 윌 킴리카Will Kymlicka와 가장 긴밀하게 연관되어 있는 이론인 다문화주의 시민권 개념이 정치 공동체의 모든 구성원에게 자유주의적이고 개인적인 '권리 모음집'에만 전적으로 의존하는 시민권의 정형화된 형태를 거부한다는 점을 설명한다. 이러한 관점에서 봤을 때 다문화주의 시민권은 시민권과 전형적으로 연관된 자유주의적 권리들을 보존함과 동시에 집단별로 상이한 특정 권리들 또한 부여하는데, 예컨대 국가 정체하에서 권리를 가진 하위 집단에게 부여되는 특별 대표권, 나문화적 권리, 그리고 사치권 등이 있다. 마찬가지로, 우리는 많은 사상가들이 어린이나 지적 장애인에게 평등한 권리(투표권, 총기 소유, 독립적 삶의 권리 등)를 부여하지 않는 것에 반발하고 있다는 점을 지적할 것이다.

국가중심주의에 대한 반대론자 중 일부 시민권 이론가들은 국제 인권법에서 정의된 인간됨personhood 개념에 의지한다. 이는 어떤 국가에 살고 있는 개인들에게 마땅히 주어져야 하는 완전한 권리의 목록을 규명하기 위함이다. 최근 세계는 이중적·다중적 시민권의 기하급수적 증가를 목격하였다. 피터 스피로Peter Spiro가 최근 주장한 바와 같이, 이중 시민권은 줄곧 비판의 대상이 되었음에도 미국에서 광범위하게 받아들여지고 있다. 스피로에 따르면 이중 시민권 또한 인권으로서 보호되어야 한다. 많은 사람들이(항상 그런 것은 아니지만, 주로 귀화한 이민자와 그들의 후손들) 둘 이상의 국민국가에 대한 정서적 유대관계와 충성심을 공식화하기 위한 방안으로 이중 또는 다중 시민권을 적극적으로 추구한다. 게다가, 유사 시민권의 개념은 공식적인 시민권 지위가 수여되지 않더라도 많은 개인들이 시민권과 결부된 특정 권리들을 누릴 수 있으며 실제로 그러고 있다는 점을 시사한다. 세계시민주의 철학에 근거한 사상인 세계/국제 시민권에 대한 논의의 폭도 점점 커지고 있는데, 이 또한 여기에서 다룰 것이다. 이 관점에 따르면, 개인은 그가 시민으로서 소속된 국민국가에서보다 지구촌 공동체에 더 크게 스스로를 동일시할 것이다. 이는 국가 차원의 시민권에 대한 배척이라기보다는 몇몇 사람들이 그들의 정체성을 '인류애'라는 보다 넓은 범주에 대한 소속감 아래에 두는 방식이다. 이 개념은 세계시민주의와 긴밀하게 연관되어 있는데, 세계시민주의는 모든 인류가 단일 공동체의 구성원이자 도덕관념을 공유하고 있다는 점을 강조하는 세계관이다. 이 장의 결론부에서는 일부 학자들이 전통적으로 정치 구성원이 될 수 없다고 여겨진 대상들, 예컨대 동물과 심지어 환경까지도 시민권이 확장되어야 한다고 주장한 사실에 주목한다.

    4장에서는 시민권 이론에 대한 논의에서 벗어나 현실 속의 시민권으로 관심을 돌린다. 그렇게 함으로써 우리는 시민권의 실제에 대한 몇 개의 층위에 대해 탐구한다. 이것은 시민권의 역사적 '결정요인들', 국가가 시민에게 부과한 의무, 그리고 귀화 정책의 기준이 되는 기준, 예컨대 거주 기간이나 시민통합의 정도와 같은 것들을 포함한다. 역사적으로, 시민권의 전형적인 '결정요인'들은 혈통, 생득권, 출생지, 귀화 또는 혼인이었다. 국가는 때때로 그들의 시민권 규정을 판단케 하는 결정요인들을 바꿀 수 있는 권한을 지니며 실제로 바꾸기도 한다. 즉, **혈통주의 법률**이나 혈족에 따른 시민권은 자유민주주의에서 오랜 전통을 형성해 왔지만, 오늘날 대부분의 국가는 이 방식을 시민권 부여의 유일한 기준으로 삼는 것을 지양하고 있으며, 출생지에 따른 시민권, 귀화, 혼인을 통한 시민권 취득 등도 함께 허용하고 있다. 이 장의 주요 목적 중 하나는 시민권을 부여하는 데 활용되는 이러한 '결정요인'들이 가진 구체적인 정당화 근거를 탐구하는 데 있다. 또한 귀화의 기준에 대해서도 짚고 넘어갈 것이다. 자유민주주의 국가들은 귀화정책을 구조화하는 방식에서 서로 차이를 보인다. 대부분의 국가는 시민권 신청자가 영주권자 신분으로 일정 기간 그 나라에 거주한 뒤에야 시민권을 신청할 수 있도록 규정한다. 그러니 어떤 국가는 귀화 정책에서 가족적 연계를 더 중시하는 반면, 다른 국가는 기술 기반 이주를 더 우선시한다. 예를 들어, 미국의 귀화 정책은 신청자가 미국 시민이나 영주권자와 맺고 있는 가족적 관계를 매우 중요시한다. 반면 캐나다, 호주, 뉴질랜드와 같은 국가는 이주자의 직업적 숙련도에 방점을 두고 귀화 적합도를 판단하기 위해 표준화된 '점수 계산기'를 사용한다. 이 장에서는 이러한 상이한 중점들이 귀화 전략에 주는 시사점에 대해 논의할 것이다.

마지막 장인 5장에서는 이전 장들에서 논의되었던 표준과 규범으로부터 크게 벗어난 시민권 유형의 범주와 사례에 대해 알아볼 것이다. 이 장은 난민의 개념과 함께 국내 실향민, 망명자, 무국적자 등 기타 관련 용어에 대한 논의로 시작한다. 여기에서는 일반적으로 분쟁을 피해 피신하는 사람들이 언론에서 주목받는 경향이 있음에도 불구하고, 사람들이 다른 곳으로 피난처를 찾아 이주할 수밖에 없도록 하는 이유는 이 외에도 다양하다는 점을 지적한다. 그 이유에는 종교적, 동성애 혐오적 박해, 정치적 갈등, 자연재해 등이 있을 수 있다. 또한 이 장에서는 난민과 관련된 구분 유형이나 용어들이 가진 법적·개념적 모호성도 함께 다루며, 이러한 모호성이 상당한 혼란을 불러올 수 있음을 밝힌다.

도망쳐 나왔지만 난민이나 망명자로 받아들여지지 못한 사람들은 무국적자가 되고 만다. 그들은 어떠한 형태의 시민권도 가지지 못한 자들로 자유민주주의 시민에게 주어진 권리 중 극히 일부분밖에 누리지 못한다. 우리는 무국적자와 그와 관련된 국적 박탈과 시민권 박탈의 과정에 대해서도 논할 것이다. 그런 다음 무국적자와 난민에 대해 오늘날 벌어지고 있는 두 가지 짧은 논쟁적 문제로 넘어간다. 사건을 간략히 소개하자면, 미얀마의 로힝야족 문제와 유럽의 이주자/난민 위기라는 두 가지 시의성 있는 문제가 소개된다. 이 장은 국경 개방에 찬성하거나 반대하는 철학적 주장으로 마무리된다. 시민권 이론을 다루는 이 책은 결국 시민권의 지붕 아래 가장 언저리에 위치한 그늘막에조차 설 수 없는 자들에 대한 논의로 막을 내릴 것이다.

01

무엇이 시민권인가?
What is Citizenship?

무엇이 시민권인가?
What is Citizenship?

서론

Introduction

시민권은 정치학의 핵심 개념 중 하나이며 또한 많은 이들에게 강력한 감정적 호소력을 가지는 말이다. 시민권에 결부된 권리들을 취득하고 행사하는 것은 가장 보편적인 정치적 욕구로 여겨진다. 이는 누군가에게는 정치적 삶의 궁극적 목표까지 될 수 있다. 시민권은 오랫동안 학자들에게는 개념적 토대이자, 권력을 행사하고자 하는 사람들에게도 중요한 기본 개념으로 자리 잡아 왔다. 그러나 이 용어의 명확한 의미와 구성 요소를 둘러싸고는 상당한 논쟁이 존재한다. 여기 1장에서 우리는 시민권의 가장 본질적인 측면과 그것이 촉발한 쟁점들에 대해 알아본다. 이렇게 함으로써 우리는 어떻게 시민권을 정의하고 이해할 것인지에 대해 오랫동안 이어진 논쟁을 살펴볼 것이다.

이 개념 명확화 작업은 시민권에 대한 서로 다른 정의들과 실제 작용 방식을 분류하는 것을 목표로 한다. 이로써 학자들 사이에서 가장 팽팽한 긴장이 존재하는 의미 있는 영역을 규명함은 물론 그러한 긴장들이 시민권에 대해 무엇을 시사하는지를 밝힐 수 있다. 그러나 개념 명확화 작업이 이루어진다고 하여 그러한 논쟁에 종지부가 찍히는 것은 아니다. 우리는 시민권이 무엇을 의미하는지, 이 개념을 영원히 안정된 것으로 만들 수 있는 방법이 무엇인지, 그리고 그 개념이 필연적으로 나아가게 될 예측 불가능한 변화를 방지할 방안이 무엇인지에 대해 완벽한 답을 낼 수는 없다. 하지만 이 개념과 관련된 논쟁을 명확하게 하는 작업은 몇몇 핵심적 이유 때문에 매우 중요하다. 가장 결정적인 이유는 다음과 같은 것들이다:

(a) 이 작업은 시민권의 구성요소에 대한 이론들의 목록을 명확히 나열할 수 있게 한다.
(b) 이 작업은 다양한 시민권의 정의가 각각 기반을 두고 있는 서로 다른 근거들을 나열하며, 따라서 정치 체제의 구성원이 되는 자격에 관한 다양한 개념화를 구분 짓는 기준이 무엇인지를 밝혀준다.
(c) 이 작업은 '신민'과 같은 비슷한 개념과 시민권 개념의 혼동을 줄여주며, 국적, 사회 집단, 계층, 구성원 등의 개념과의 유사성과 차이점을 드러낸다.

이어지는 절에서는 먼저 왜 시민권이 '본질적으로 논쟁적인 개념'인지를 설명한다. 다음 부분에서 우리는 몇 개의 단계로 나누어 개념 명확화 작업을 시행한다. 우선은 '누가' 시민권을 정의하는지에 대한 논의이다. 그 다음 내용은 시민권의 부여와 관련되는데, 정치 체제에 소속되는 자와 배제되는 자를 결정짓는 방법의 문제를 다룬다. 다음으로는 시민권을 구성하는 내용을 다룬다. 마지막으로, 유사한 다른 개념과 비교하였을 때 구분될 수 있는 시민권 개념의 특성으로 이 장은 마무리된다.

본질적으로 논쟁적인 개념
Essentially contested concepts

시민권과 관련된 구체적 요소와 현상들을 규정하는 이론은 다양하다. 하지만 시민권에 관한 유일하게 지배적인 개념은 존재하지 않고 존재할 수도 없다. 시민권은 법적 신분, 사회적 지위, 제도, 정치적 범주화의 도구, 도덕적 행동규범의 목록, 시민됨civicness, 자아정체성의 한 형태, 절차, 효능, 그 외 여러 가지 것들로 불리어왔다. 이는 시민권이 갈리W.B. Gallie가 지칭한 '본질적으로 논쟁적인 개념'에 해당한다는 점을 보여준다.[1] 사회과학적 연구의 대상이 되는 많은 개념들이 이러한 사례에 속하는데, 그 구체적인 의미에 대한 합의된 견해가 없으며(이 성질이 그러한 개념들의 본질이기도 하다) 그것을 단순명료하게 정의내리려는 어떠한 시도도 거부되기 때문이다. 그러나 존 게링John Gerring이 주장한 것처럼,

"개념을 사용하지 않고 학술적 작업을 진행하기란 불가능하다. 어떠한 주제도 거기에 이름표를 붙이지 않고서는 관념화할 수 없다."[2] 본질적으로 논쟁적인 개념에는 이 외에도 민족, 국가, 포퓰리즘과 같은 것들이 있다. 1956년 3월 아리스토텔레스 협회 학술지에 게재한 글에서, 갈리는 이 본질적으로 논쟁적인 개념의 기초적 해석을 처음으로 제시하였다.

> '예술 작품'이라든가 '민주주의', '기독교 교리'와 같은 용어들은 서로 다른 학문 계통, 서로 다른 예술가와 비평가의 사회운동, 서로 다른 정치집단과 정당, 그리고 서로 다른 종교 공동체와 종파들에 의해 각기 다른 용도로 사용된다. 물론 이 용도들 사이의 관련성이 전혀 없는 것은 아니지만 말이다. 이러한 용어의 사용처와 의미의 다양성을 받아들이기만 하면 그 개념을 둘러싼 논쟁이 종식될 수 있을 것이라 생각하기 쉬우나, 그런 일은 일어나지 않는다. '예술 작품', '민주주의', '기독교 교리' 등의 용어는 각 정파들의 독자적인 해석에 따라 각자의 이익을 대변하도록 고유한 기능을 수행하는데, 각 정파들은 자기 집단이 쓰는 용례만이 해당 단어가 확실하게 작동할 수 있는 올바르고, 적절하며, 중요한 주류적 기능이라고 저마다 끊임없이 주장한다. 나아가, 그들은 소위 '믿을 만한 주장', '증거' 내지는 여타 형태의 '정당한 근거'라 일컫는 것들을 동원해 그들만의 용례를 변호한다.[3]

이러한 불일치가 나타나는 이유에는 다양한 측면이 얽혀 있다. 때때로 그 논쟁은 주어진 개념을 '누가' 정의하느냐에 관해서 일어난다. 또는 논쟁적으로 보이는 개념이 사실은 광범위한 보조 관념을 포괄하는

'우산 개념'에 불과한 경우도 있는데, 이는 용어 자체가 가리키는 것이 무엇인가에 대한 혼란을 낳는다. 이러한 모호함의 전형적인 사례로는 '기회의 평등'이 있다. 누군가에게 이 개념은 동일한 출발점을 의미하지만(예컨대 누구나 대학 입학에 대한 동등한 기회를 가지는 것), 다른 누군가에게는 모두에게 대강 주어지는 최소한도의 결과적 평등을 의미한다(예컨대 대학 입학의 실제 수준이 모두가 동등한 입학 기회를 누린다는 점을 반영하는 선에서 결정되는 것). '아메리칸 드림'도 마찬가지이다. 누군가에게 그것은 계층의 상방 이동을 의미하나, 다른 누군가에게는 사회적, 인종적 정의를 의미한다.[4]

때때로, 수식어를 사용하는 것이 개념의 혼돈을 해결하는 데 도움이 된다. 따라서 스티븐 루크스Steven Lukes의 말처럼, 단지 '개인주의'라는 용어를 사용하는 것은 그것이 무엇을 의미하는지 불분명하기 때문에 큰 의미가 없다. 이에 따라 루크스는 개인주의의 여러 형태 간에 경계를 설정해야 한다고 주장하는데, 예를 들어 정치적, 방법론적, 추상적, 윤리적 개인주의가 가능하다.[5] 이와 유사하게, '이념ideology'과 같은 개념에 있어서 테리 이글턴Terry Eagleton은 최소 여섯 종류의 의미 묶음을 발견한다.[6] 또 누군가는 '군집 개념cluster concepts'을 다루는 경우에 대해 이야기한다. 군집 개념이란 광범위한 여러 의미를 포괄하는 개념으로서 각각 의미가 동등한 타당성을 가진 것이다. '정치'라는 단어를 논함에 있어, 프레드 프로혹Fred Frohock은 '정치'와 같은 개념이 해당 단어와 가족적 유사성[7]을 가진 사건들의 범위로 확장되기 때문에 그것의 개념정의를 찾으려 해선 안 되며,[8] 그 대신 해당 군집 개념의 일상적인 용례들의 중앙에 있는 핵심 용어를 찾아야 한다고 말한다. 마찬가지로, '시민권'에 있어서도, 그 개념이 적절히 예시화되기 위해 필요한 구체적인 재료(예컨대 권리, 덕목, 행위 등)의 수준에 개하여 학자들 간 논쟁이 이어지고 있다. 이 장의 나머지에서, 우리는 시민권 개념을 구체화함과 동시에 아마도 앞으로도 계속 이어질 시민권의 정의에 대한 논쟁이 이루어지는 몇 가지 방식에 대해 상세하게 기술할 것이다.

시민권 개념 구체화하기
Specifying the concept of citizenship

'시민권'이라는 용어는 때때로 너무 광범위하게 해석되어 일종의 개념 혼란을 유발한다. 이 단어를 무분별하게 사용하는 것(예컨대 정치적 목적을 위한 행동주의, 특정한 인민의 유형, 또는 추상적인 지위를 지칭하는 것)은 용어가 가진 개념적 명확성을 저해한다. 또 다른 종류의 흔한 오류는 시민권 개념이 그것과 분명히 구별되는 다른 개념들과 융합할 때 발생한다. 예를 들면, 많은 종류의 협회, 공동체, 조직들은 구성원을 포용하고 외부인을 배제하는 기준을 적용한다. 하지만 우리는 교회 신도나 가족 구성원 같은 사람들을 그 집단의 '시민'이라고 부르지는 않는다. 이는 단지 그러한 집단들이 명백한 정치적 단위가 아니기 때문만은 아니다. 우리는 그러한 단위들이 정치적인 것이 아닐 뿐만 아니라 정치체제에서와 달리 '법적 지배를 통해서' 작동하는 개념이 아니기 때문에 시민이라는 용어를 사용하지 않는 것이다. 국적, 시민됨, 구성원처럼 밀접히 관련되어 있으나 분명히 다른 개념들과 시민권을 구분하는 작업은 시민권에 대한 개념적 논쟁을 축소하는 데에 도움이 된다. 이와 유사하게, 시민권은 국가와의 정치적 관계라는 측면에 있어서 그다지 공통점이 없는 사람들, 예컨대 민주주의 정치체제, 또는 광활한 시민적 자유의 장을 누리지 못하는 권위주의적 국민국가를 여권상의 '국적'으로 가진 개인, 또는 세상에 대해 투표할 권리가 없는 아이들을 동시에 지칭할 수도 있다.[9] 따라서 시민권은 각자의 정체政體 속에서 나름대로 부여된 완전한 권리를 담지하고 있는 자들의 행위 또는 권한에 의해 정의된다. 대개의 경우 시민권은 한 사람이 소유한 법적인 국적과 결부되는데, 이 경우 그는 주권국가로부터 여권을 부여받으며 합법적으로 거주하고 자유롭게 이전, 재입국할 수 있는 권리를 가지게 된다.[10]

결국 시민권이란 몹시 변화무쌍한 것이다. 하지만 그렇다고 해서 무엇이 시민권을 구성하는가에 대해 결코 합의할 수 없다고 할 수 있는가? 물론 그렇지는 않겠지만, 시민권 개념이 가리키는 것을 명확화하는 작업에는 단계적인 사고가 필요할 것으로 보인다. 여기서 우리는 시민권 연구에서 특히 논쟁의 여지가 큰 다음 네 가지 측면에 주목하고자 한다.

(a) 시민권을 정의하는 주체는 누구(또는 무엇)인가?
(b) 시민권은 어떻게 부여되는가?
(c) 시민권의 내용은 무엇인가?
(d) 시민권이 '아닌' 것은 무엇인가?

누가 시민권을 정의하는가?

학자들은 시민권이 진정으로 무엇인지 결정하는 권한을 가진 주체에 대한 명시적·암묵적 가정들을 내린다. 이 가정은 대개 시민권을 정의하는 권력이 어디에 존재해야 하는지에 대한 그들 자신의 신념을 반영한다. 논의를 둘러싼 미묘함과 복잡함을 과도하게 단순화할 위험이 있긴 하지만, 이 질문에 대해 대립하는 두 종류의 광범위한 이론을 생각해 볼 수 있다. 두 이론은, 시민권을 정의함에 있어 규범과 시민적 덕목의 역할을 핵심으로 두는지의 여부에 따라 구분된다.

시민권에 대한 규범적 이론에서는 우리가 시민권에 대해 어떻게 생각해야 하는가를 실생활에서 시민권에 대해 실제로 무엇이 관찰되는가의 문제보다 우선시한다. 이러한 관점은 특정한 규범(광범위한 정치적 이상)이 시민권을 형성한다는 믿음에 입각한다. 권리와 평등한 지위와 같은 혜택을 둘러싼 현실적 문제가 나타난다 하더라도, 규범을 중시하는 입장에 따르면 정치참여, 지역 단위에서의 활발한 정치활동, 그리고 시민이 지닌 의무와 책임에 대한 헌신이 시민권 개념의 핵심이 되어야 한다. 일부 학자들은 시민권과 규범이 상호구성적인 개념임을 분명히 한다. 이 학파는 시민은 시민적 행위를 통해 시민권을 형성한다고 강하게 믿는 경향이 있다.[11] 여기에는 구성원으로서의 자격 내용을 결정하는 주체가 시민들 자신이며, 자격 수행은 시민답다고 여겨지는 자발적 정치 행위의 형태로 이루어진다는 가정이 전제되어 있다.[12]

반면, 또 다른 이론은 시민권을 정의하는 주체를 이해하기 위해 국가가 법, 정책과 엄정한 권력 행사를 통해 그 영향권 아래에 있는 사람들과 어떻게 상호작용하는지에 주목한다. 이 학파는 시민권을 정의함에 있어 정치 참여와 같은 시민적 행위는 일절 고려하지 않는다. 그들에게 있어, 시민권이란 국가가 개인에게 부여한 권리에 의해서만 규정된다. 이 권리는 물론 투표권과 같은 정치 참여의 권리일 수도 있다. 하지만 그렇게 부여받은 권리를 반드시 행사하여야 시민권이 인정된다는 점을 의미하지는 않는다. 이 관점에 따르면, 시민적 행위의 구성요소나 시민이 그러한 행위를 어떻게 수행해야 하는가에 대한 처방적 지침들을 발전시켜나가는 것은 시민권 이론과는 무관한 일이다.

하지만 도처에서 찾아볼 수 있는 설명은 대부분 규범적 이론이다. 자세히 살펴보면, 시민권 이론의 학문은 대부분의 경우 시민권에 대한 오늘날의 경험적 연구와 동일한 가정을 공유하고 있다는 점을 알 수 있다. 그 가정이란 오직 규범만이 유일한 정당화 기제로서 누가 시민으로 취급되는지, 시민권이 무엇을 부여하는지뿐만 아니라 이 규범들을 구체화하고 적용하는 방식까지를 규정한다는 것이다. 현존하는 많은 이론들이 순수하게 규범적인 성격을 띤다는 점에서 이를 알 수 있으며, 그것들은 주로 왜 시민권이 시민다운 행동을 포함하는 특징한 방식으로 실행되어야 하는지를 정당화하는 데에 몰두하고 있다.

이러한 접근은 어떻게 시민권이 실체화되고 실제 세계에서 행사되는지에 대한 분석을 간과하는 경우가 많다. 시민권에 대한 오늘날의 경험적 연구 역시 (주로 암묵적이기는 하나) 규범적 접근을 취하는 경우가 있는데, 이 연구들은 사회적, 문화적 권리와 같은 다른 것들을 배제해가면서까지 시민 참여와 같은 주제에 중심을 두는 보고서를 꾸준히 생산하고 있기 때문이다. 규범은 예를 들어 시민의 행위주체성에 대해 논할 때에도 모습을 드러낸다. 몇몇 이론가들은 국가가 어떤 행위를 의무화하는 것이 그 활동을 도덕적으로 올바르게 하는 의도성을 없애기 때문에 시민적 행동은 자발적으로 일어나야 한다고 주장한다. 자유민주주의 국가가 일반적으로 시민들에게 최소한의 의무만을 지우는 이유는 이 때문이다.[13] 하지만 시민적 행동에 자발성과 동의가 포함되어야 한다는 것은 그 자체로 규범적인 주장이다.

시민권의 규범적 정의는 시민권이 무엇이어야 하는가에 대한 이해와 탐구로부터 시민권이 무엇인가에 대한 답을 추론한다. 그러나 비판자들은 그러한 추론이 잘못된 결과를 낳을 수밖에 없다고 지적한다. 이 관점에 따르면, 시민적 행동은 그 자체로 시민권을 구성하는 것이 아니다. 또한 시민권은 단순히 시민으로서 마땅히 해야 할 일을 하거나 대다수의 시민이 하는 대로 따라한다고 해서 마법처럼 생겨나지 않는다. 결국, 누구도 일방적으로 자신을 한 나라의 시민이라고 선언하고 다른 사람들이 그 주장을 인정해 주기를 기대할 수는 없다. 그 정당성은 특정 권위에 의해 인정받아야 한다. 따라서 시민권은 중요한 의미에서 관계적이다.

나아가, 만일 시민권이 시민적 행동만으로 취득될 수 있는 것이라면, (시민권의) 경계를 설정하는 모든 종류의 법은 더 이상 필요치 않게 될 것이다. 그저 시민적으로 행동하기만 하면 대표권을 얻고, 사회의 구성원으로 드러나며, 특정한 혜택을 선택적으로 누릴 수 있을 것이다. 그런데 시민권을 부여하는 공동체 내에서 시민권 획득을 위한 규범적 행위를 목록화하여 나열하거나 순서를 제시하기로 합의된 경우는 거의 없다.

시민권이 실제로 어떻게 작동하며, 그것을 이미 가진 사람이나 획득하려는 사람에게 시민권이 무엇을 의미하고 대변하는지를 파악할 수 있는 방법은 오직 제도적으로 실행되는 행위들을 분석하는 것뿐이다. 이런 이유로 우리는 이 책에서 규범을 현실보다 우위에 두지 않는다. 우리는 시민권이 본질이 '시민권이 무엇을 하기를 원하는가'가 아니라 '시민권이 무엇을 하고 있는가'라는 것을 자명한 이치로 받아들인다. 이렇게 현실의 시민권 관행을 이상향보다 더 중요시한다는 점에서 이는 강한 현실주의적 접근이다. 물론 모든 정치이론가들이 현실주의적 접근을 취하는 것은 아니다. 그렇지만, 우리는 이것이 정치학의 이론적 방법론을 세상에서 분명히 관찰되는 현실과 연결짓는 최선의 방법이라고 믿는다.

시민권은 어떻게 부여되는가?

시민권에 대해 정의를 내리려면 누구를 시민으로 볼 것인가를 결정하는 기준을 반드시 제시하여야 한다. 이 결정은 구성원의 자격을 부여할 대상이 누구인지를 확정하는 것을 필요로 한다. 현지 시민인 사람에게든 시민이 되고자 하는 사람에게든, 시민권을 얻거나 잃게 되는 기준은 그들의 지위를 결정짓는 근본적인 요인이다. 앞서 언급하였듯이, 규범에만 집중하는 것은 시민권이 어떻게 부여되는지에 대한 부분적인 설명만을 제공한다. 시민권의 자격에 대한 추상적인 개념과 실제 시민권이 제공되는 현실 간의 괴리는 양자 간의 타협점을 찾을 수밖에 없게 만드는데, 이는 어떤 사람들에게 시민권을 부분적인 형태로만 제공하는 결과를 낳는다.

시민권을 부여하는 행위는 또한 필연적으로 구성원과 구성원이 아닌 사람들을 구분짓는다. 시민권의 부여는 일종의 경계를 형성하는 작업이다. 시민권은 언제나, 어디서나 경계선을 긋는다. 물론, 시민권이 가진 이 경계의 가장 큰 가치는 누군가를 배제하거나 포함하도록 구분지어진 범주라는 사실에 있다. 경계선을 설정한다는 것은 희소성을 암시한다. 이 희소성은 자연적인 자원이라기보다는 인공적이고 정치적으로 부과된 형태이긴 하지만, 어쨌든 희소한 무언가가 존재하는 것이다. 따라서 한 국가에서 시민권은 그것을 원하는 사람보다 더 적은 인원에게 주어지는 현상이 빈번히 발생한다. 또한 시민권이 누구에게는 허가되고 누구에게는 거부되는지에 대한 조건도 천차만별이다. 희소성이 작용하는 구체적인 방식은 시민권에 대한 법을 제정하는 정치체제에 의존한다. 게다가 경계선 긋기는 선 안쪽에 있는 사람들이 바깥의 사람들은 누릴 수 없는 어떤 형태의 법적 지위, 정치적 평등, 그리고 상호 존중을 누릴 수 있다는 약속을 보여준다. 이 약속은 심지어 사회적 불평등의 형태를 띠기도 하는데, 이 불평등을 해소하기 위해서는 제도 정치뿐만 아니라 강압적인 관행까지 필요하다. 예컨대 그 누구도 국민들에게 실제로 서로 존중하라고 강제할 수는 없다. 그저 법이 국민들을 평등하게 보호하는 것만이 강제될 수 있을 뿐이다. 시민권 학자들은 시민으로 여겨지는 모든 사람들에게 기본적인 법적 평등을 보장하지 않는 형태의 시민권을 어떻게 바라봐야 하는지, 그리고 이 현상이 시민의 지위를 부여받는 것의 실질적인 내용에 있어 무엇을 의미하는지에 대한 중요한 질문을 제기하였다.[14]

또 한 가지 중요한 사실은, 늘 그런 것은 아니지만 시민권의 경계선이 종종 인종, 지역, 언어, 민족, 종교와 같은 다른 형태의 것들과 완전히 겹쳐진다는 것이다. 그러므로 시민권이 어떻게 부여되는지 연구하려면 어떻게 국가가 시민들을 두고 경계를 설정하며 어떤 유형의 경계선을 그릴 수 있고 그려야 하는지까지를 연구해야 한다. 나중에 다룰 4장의 내용을 빌리자면, 국가는 출생시민권과 귀화를 포함한 몇 가지 기준에 따라 시민들을 둘러싸는 울타리를 친다. 나아가, 출생시민권은 개인들로 하여금 몇 가지 다른 방식으로 시민의 울타리 안에 들어올 수 있게 한다. 한 유형은 다음의 형태를 따른다: 당신이 어떤 국가의 지리적 국경 안에서 태어났다면, 당신은 시민권을 부여받는다. '땅으로부터의 권리'라는 의미인 jus soli*는 이 관점을 가장 잘 설명하는 단어이다. 다른 유형은 이런 형태를 따른다: 당신 부모 중 한 명 또는 모두가 어떤 국가의 시민이라면, 당신은 혈통에 따라 그 국가의 시민권 자격을 얻는다. '피로부터의 권리'를 뜻하는 라틴어 jus sanguinis**가 이 관점을 가장 적절하게 설명한다.[15]

이 두 원칙은 사람들이 태어날 때의 국적에만 국한된 것이 아니라 지위를 바꾸기 원하는 성인들에게 허용된 선택의 범위까지 장악한다. 시민권 이론가들이 발견한 모순 중 하나는 오늘날 거의 보편적인 기준으로 자리 잡아 있는 (출생지주의에 따른 것이든 혈통주의에 따른 것이든) 출생시민권이 봉건적인 요소, 즉 마치 전근대 사회에서 귀족 출생을 재산과

---

* (옮긴이) 출생지주의
** (옮긴이) 혈통주의

같이 여기던 관행을 국제적 수준에서 되풀이하고 있다는 사실이다.[16] 다시 말해, 생득적 권리로서 시민권을 부여하는 것은 봉건적 계층질서하에서 사람의 지위가 출생과 동시에 고정되어 온 관행을 떠오르게 한다. 이렇게 보면, 출생시민권의 원칙은 '동의'를 반영하지 않기 때문에 결코 민주적인 원칙이 아니며 그렇게 될 수도 없다. 그 누구도 어디서, 누구한테서 태어날지를 미리 알고 동의할 수 없기 때문에 출생시민권은 자의적이며 시민권의 자격을 출생이라는 우연한 사건에 맡기는 것이다. 하지만 동의가 가장 중요하다는 데에 '동의'하지 않는 자들도 있다. 어떤 결정에 영향을 받는 사람들이 동의했는지의 여부가 그 결정이 부당한가 정당한가를 결정한다는 관점을 모두가 받아들이는 것은 아니다.

민주주의 이론가들은 또한 응당한 자격deservingness으로서의 시민권과 시민권의 영향을 받는 이해관계에 대한 우려를 표한다.[17] 따라서 로버트 달Robert Dahl은 시민권 제도를 정의하는 두 가지 상반된 방법 사이의 긴장에 대해 설명하였다. 하나는 범주적이고 다른 하나는 조건적이다. 범주적 원칙은 '정부와 그 법률의 지배를 받는 모든 사람들은 조건 없이 데모스(즉, 시민)의 일원이 될 권리를 가진다'고 주장한다.[18] 반면 조건적 원칙은 '오직 통치의 자격을 갖춘 사람만이, 그리고 그런 자격을 갖춘 한 예외없이 데모스(즉, 시민)의 구성원이 되어야 한다'는 점을 관철한다.[19] 각 원칙은 민주주의에 대한 다른 사고방식을 가정한다. 민주주의 사회라면 국가의 시민이 아닌 사람을 그 국가 법의 영향력 아래 두어서는 안 된다고 생각하는 것이 합리적이다. 반면, 달은 아이들의 경우를 사례로 들어서 정치적 사안에 대해 무능력하다는 이유로 데모스로부터 일상적으로 배제된(예컨대 투표권을 가지지 못하는) 집단의 존재를 보여준다. 이 사례는 범주적 원칙에 대한 도전이다. 범주적 원칙은 국가 내에서 법의 지배를 받는 모든 개인들이 곧 정치체제의 시민으로서 완전한 자격을 갖춘 자들이라는 아이디어이기 때문이다.

달은 이 갈등에 대한 해결책을 '수정된 범주적 원칙'에서 찾는데, 이 원칙은 '정부와 그 법률의 지배를 받는 모든 성인들은 데모스의 구성원이 되기 위한 자격을 갖춘 이들이라고 간주되며 무조건적인 권리를 가진다'고 주장한다.[20] 달에게 있어서 시민권의 부여는 다음과 같은 기준에 의거해야 한다: "데모스는 일시적인 방문자와 정신적으로 결함이 있다고 입증된 자들을 제외하면 모든 성인 구성원들을 포함해야 한다."[21] 따라서 그는 시민권의 가장 중요한 지표이자 요건으로 성숙함, 능력, 그리고 해당 데모스의 터전과 맺고 있는 지속적인 시간적 관계에 방점을 찍는다.

달의 이론은 해답을 주기보다는 더 많은 질문을 불러일으키며, 논쟁적인 범주의 경계를 정의하는 데에 내재된 문제점들을 드러내준다. 수정된 범주적 원칙은 경계와 임계점에 대한 논란을 유발한다. 사람이 더 이상 아이가 아니고 이제 다 큰 어른이라는 것을 어떻게 알 수 있나? 게다가 합리성은 성숙한 시민권 자격에 대한 질문을 더욱 모호하게 만드는 여러 특징들 중 하나의 사례에 불과하다. 무수히 많은 다른 요소들이 법적, 철학적 논쟁의 기반으로서 존재하고 있다. 외국인 신분이나 일시적 체류 등은 그 자체로도 불분명한 개념들이다.[22] 어른과 아이의 경계선을 설정하려는 경우와 마찬가지로, 외국인이 언제부터 외국인이 아니게 되는지를 가르는 임계점도 정하기 어렵다. 외국인이 해당 영토의 모든 법률이 적용되는 대상, 즉 시민이 되기 위해 넘어야 할 선을 우리가 어떻게 규정해야 하나? 왜 시민들은 그들의 정치체제하에서 태어난 모든 아이를 그곳의 시민으로 받아들여야만 하나? 그 아이들이 태어나는 데에 결코 동의한 적도 없고, 아이들 스스로도 그 곳에서 태어난 것에 대해 아무런 발언권이 없었는데도 말이다. 달리 바라보면, 왜 이 맥락에서 '동의' 여부를 중요시해야 하나? 대부분의 자유민주주의 사회는 지적 장애인이나 광신도가 되어버린 사람들의 시민적 권리를 자동적으로 빼앗지는 않으면서 어린 아이들, 대다수 외국인들은 다르게 대우한다. 무엇이 이 차이를 정당화하는가? 결국, 수정된 범주적 원칙은 시민권 부여의 문제를 고찰함에 있어 범주적, 조건적 원칙보다 딱히 더 도움이 되지 못한다.

시민권의 내용은 무엇인가?

시민권의 부여와 관련된 복잡한 논의를 거쳤으므로, 이제 우리는 시민권의 구성요소가 무엇인지에 대한 질문에 답하는 여러 이론들을 조사하여 이 문제를 한층 더 꼬아보려 한다. 이 주제에는 우리가 이미 다루었던 문제들이 녹아 있다. 즉, 시민권 연구에서 규범성을 강조하는 입장이 한 방향을 설정하고, 비규범적인 유형화가 그 반대편에 있다.

시민권의 내용에 대한 이론적 배경은 일반적으로 두 범주로 나눌 수 있을 것이다. 첫 번째 관점은 시민권을 무엇보다도 권리의 측면에서 정의한다(이 주제는 2장에서 더 자세히 다루어질 것이다). 국가는 권리를 부여함으로써 시민들에게 특정한 행동을 기대한다. 그 과정에서 국가는 시민권의 모호한 개념을 구체화한다. 국가 중심 시민권 이론은 굉장히 전통적인 이해방식으로서 시민권을 어떤 개인이 전체 자원 중에서 가지는 지분을 결정함으로 인해 형성되는 구성원 자격의 형태로 본다. 이 때 자원이란 물질적인 것뿐만 아니라 정치적인 혜택까지 포함한다.[23] 이 관점에 의하면 재화가 분배되고, 자유를 보전하며, 발언권이나 대표권을 보장받는 기제가 바로 권리이다. 권리란 국가에 대항하여 주장할 수 있는 것이지만, 동시에 국가에 의해 관리, 조정되기도 한다. 바꿔 말하면, 이 개념화는 평등이라는 약속을 실현하기 위해 국가 제도에 큰 비중을 두는 것이다. 그러나 국가가 시민들에게 순전히 형식적인 평등 이상의 실질적인 무언가를 부여하지 않는 한 이 약속은 결코 의미 있는 방식으로 실현될 수 없다. 달리 말하면, 모든 사회 구성원의 평등을 충실히 반영하여 쓰인 법률적 형태의 시민권이 중요하긴 하지만, 그 법들이 실제로 권리 중심의 시민권 개념으로 이어지기 위해서는 구성원들에게 실질적인 정치적 평등 관계를 부여해야 한다는 것이다. 이것은 실질적 내용이 결여된 형식적, 법적 평등만으로는 달성되기 어렵다. 표면상으로만 중립적인 법은 비차별적인 것처럼 보이나 사실은 영속적인 불평등의 형태를 존속하며 각각의 사회 집단에게 차별적인 영향력을 가지는데, 이는 그 부정적 영향에 놓인 집단들을 보호하기보다는 위협한다. 이와 같이 '동등한' 시민권 정책을 시행하려는 그릇된 시도들의 사례는 도처에서 찾아볼 수 있다. 미국 남북전쟁 이후 연방 대법원이 백인과 흑인에게 똑같은 시설을 따로 분리하여 제공하는 법률의 폐지를 거부한 것은 전형적인 법률적 평등의 사례이지만, 실제로는 흑인들에 대한 사실상의 억압을 감추는 것이었다.

두 번째 관점은 시민권의 내용을 특정한 형태의 정치적 행위에서 찾는다. 공적 영역에 참여하는 개인들은 특정한 책임의 수행을 통해 시민권의 본질을 정의한다.[24] 이 관점에 따르면, 사회적 권리와 시민적 권리는 정치 참여를 보호하고, 허용하며 장려하다는 점에서 정당화된다.[25] 이러한 종류의 조건부 개념은 어떤 방향으로든 작용할 수 있다. 재산권에 근거를 두고 정치적 대표권을 정당화하는 방법도 가능하다. 이러한 조건이라면 어느 곳에서든 재산권을 가지지 못한 자는 정치적 권리도 필요로 하지 않을 것이다. 어떤 권리가 어떤 다른 권리의 조건으로 작용하는지에 대한 고려와는 무관하게, 근본적 권리에 결부된 기능적 조건은 시민권을 다른 권리의 근거가 되는 선goods과 행위들로 환원하는 경향이 있다. 시민권을 이렇게 이해하게 되면, 특정한 행위와 선goods으로 이루어진 좁은 부분에 수많은 권리들이 연결되어 뻗어나가는 역삼각형 모양의 구조가 만들어진다. 이때 아래쪽 꼭지점에 있는 권리만이 근본적인 것으로 존속한다.

이 접근을 비판하는 자들은 여기에 적어도 두 가지 문제가 있다고 본다. 첫째로, 그들은 이러한 시민권의 이해에 핵심적인 경험적 주장의 신빙성을 의심한다. 물론 어느 수준까지는, 하나의 권리행사를 구체화하는 것이 또 다른 권리행사에 필요한 조건을 형성할 수 있다. 그러나 이 관계는 왜 어떤 권리가 시민권의 근간을 이루는 권리의 전당에 포함되어야 하는지에 대한 핵심적 설명은 될 수 없다. 결국, 권리행사를 가능케

하는 것은 여러 가지가 있다는 것이다. 권리행사를 가능케 하는 모든 것들이 국가가 보장하는 별도의 권리로 만들어지지는 않는다. 이 사례를 생각해 보자. 우리는 투표소에 가기 위해 거기까지 깔린 도로가 필요하다. 이렇게 보면 투표소에 도달할 수 있는 능력을 갖추는 것은 보유할 수도, 요구할 수도 있는 권리이다. 하지만 우리는 권리에 대한 합리적인 요구와 (예컨대 운전기사와 고급 차량을 대동하여 투표소에 갈수 있도록 하는) 비합리적 요구 사이의 경계가 어디 있는지 알지 못한다. 두 종류의 권리 모두가 정치 이론가 이사야 벌린Isaiah Berlin이 **소극적 권리**(개인이 자유를 행사하는 데에 있어 국가가 간섭해서는 안 된다는 측면에서 이해되는 권리)에 대비하여 **적극적 권리**(국가에 대한 능동적 개입을 요구하는 권리)라 칭한 것에 해당된다는 점을 주목하기 바란다. 하지만 이 경우, 합당한 적극적 권리 요구와 부당한 적극적 권리 요구를 가르는 기준선이 무엇인지 우리는 알 수 없다.

그러므로 우리는 모든 유형의 권리와 특권에 해당하면서 시민권적 권리의 경계를 무한히 확장하지는 않는 관계를 찾아내야 할 것이다. 권리와 그것이 수반하는 혜택 간의 관계가 어디서나 동일하다고 여기는 것 또한 납득하기 어렵다. 예긴대 어떤 맥락에서든 동일한 종류의 사회적 권리를 가진 사람들이라고 해서 그들이 하나같이 특정한 형태의 '좋거나' '효과적인' 정치참여자가 되는 것은 아니기 때문이다. 다른 한 편으로는, 높은 정치참여율을 산출해낼 것으로 예상되는 사회적 권리를 가지거나 행사하지 못하는 수많은 사람들 또한 그러한 권리가 없음에도 좋은 참여자로 거듭날 수 있다.

둘째로, 몇몇 도덕철학자들은 시민적, 정치적 권리에 근거해서 사회적 권리를 정당화하는 것이 비현실적일 뿐만 아니라 불안정하기까지 하다는 설득력 있는 주장을 제기하는데, 자유권은 사회권으로 환원될 수 없고 그래서도 안 되며 그 반대의 경우도 마찬가지라는 점을 이유로 든다.[26] 이 관점에 따르면, 시민적, 정치적 권리가 정당화되는 이유는 그것이 지배를 감소시킨다는 점에 근거한다. 우리는 표현의 자유가 있지만, 어떤 장애가 우리의 발언을 방해할 때 단지 표현의 자유라는 시민적 권리를 보장해야 한다는 이유로 국가가 우리의 장애를 해결하도록 강제력이 행사되지는 않는다. 그것은 당사자도 원하지 않을 것이다. 우리는 장애가 있는 시민들의 요구를 국가가 적절히 조율해주기를 원하는데 그것은 어떤 결과를 초래할지와 상관없이 그 자체로서 목적이기 때문이다.

시민권이 '아닌' 것은 무엇인가?

역사적 기록과 학술적 주장 모두를 돌이켜보면, 시민권은 다른 형태의 구성원, 예컨대 문화적, 사회적, 계급적, 문화국가적 자격요건과 대비되어 존재하는 것으로 이해된다. 우리는 이 장에서 근대적 시민권이 법률과 형식적, 정치적 제도의 산물이라고 주장하였다. 시민권은 규범으로써 실천되고 전승되는 것이라기보다는 법률의 언어로 쓰인 것이다. 시민권은 문화적, 물질적인 것이 아니라 구조적인 것이며, 이는 그것이 무엇보다도 구조적 요인의 영향 아래에 있으며 동시에 구조에 영향을 주는 것이기 때문이다.[27] 또한 시민권은 (정치적 관계망 속에 위치한다는 점에서) 구조적인 개념인데, 이러한 설명을 통해 (시민권을 함유하고 있으나 동치되거나 혼동되어서는 안 되는) 여러 다른 지위와 시민권을 구분지을 수 있다.

예를 들어, 사회적, 계급적 정체성들은 개인들이 특정한 맥락에서 시민적 권리를 체험하는 방식을 변형하지만 그럼에도 불구하고 시민권은 그러한 정체성들과 동일시되어서는 안 된다. 사회적, 계급적 정체성은 국가에 의해 필연적으로 내지는 완전하게 강제되는 개념이 아니다. 사회적 정체성들은 사회규범, 역할, 전통, 관계의 산물이며, 사회적 계급은 자본 소유의 관계망과 재산권적 관계의 산물이다. 반면 시민권은 정치적 구조와 관련 있는 것인데, 이 관계는 시민권 형성의 전제조건이 되는 독특한 권력 유형으로서 부과된다. 21세기에는 사회경제적 엘리트 계층이 국가기관을 탈취하여 다른 시민을 굴종시키고 있으나, 그렇게 할 수 있는 정도는 아무리 경제적 불평등이 극심하게 대두되는 상황이라 해도 제한되어 있다. 이것은 물리적 강제력이 동원된다 하더라도 불가능한 이야기이다. 막스 베버Max Weber가 날카롭게 지적한 바와 같이, 오직 국가만이 물리적 강제력을 합법적으로 독점하는 기관이어야 한다. 그러므로 시민권은 정체성에 관여해야 하며, 경우에 따라 정체성은 시민권에 영향을 미치거나 때로는 결정지을 수도 있다. 하지만 시민권에 의한 정치적 지위 그 자체는 독자적인 의미의 권력을 가진다. 이러한 사고방식을 채택한다면, 우리는 아이리스 매리언 영Iris Marion Young과 부분적인 동반자가 된다. 영은 정체성이란 주로 사회적 계급, 인종, 젠더와 같은 사회구조의 산물이며 단순히 국가로부터 추출되는 정치적 구조가 아니라고 언급한다. 이 통찰에 의거하여, 그녀를 포함한 몇몇 이들은 시민권의 정의를 국가에 대해 지니는 단일한 역할에 묶어두는 대신 국가마저 사회구조라는 거대한 판의 일환으로 간주한다.

시민과 신민subjecthood 사이의 경계도 쉽게 흐려질 수 있다. 시민권은 신민인 상태와는 다른 지위로서 파악해야 한다. 신민이라는 상태는 개인의 권리와 의무가 그들을 지배하는 누군가 또는 무언가에 의해 중재되는 조건이자, 그들의 심기를 거스르지 않는 선에서만 권리를 누릴 수 있는 조건이다. 이 혼란은 부분적으로 시민권이 고대 제국의 전통에서 기원했기 때문에 발생한다. 이로 인해 '포용', '정치적 발언권', '권리'와 같은 광범위한 접근방식이 나타난다. 고대 그리스의 시민권은 배타적이지만 고도로 참여적이었으며, 로마제국의 시민권은 포용적이지만 참여의 기회가 훨씬 적게 보장되었다.[28] 게다가 신민은 대개 왕정 하에서 가장 강조되는 개념이긴 하나, 동시에 식민지를 점령한 제국이 부과하는 것이기도 했다. 마흐무드 맘다니Mahmood Mamdani는 (일부는 민주주의 국가였던) 서구 제국주의 세력들이 신민 상태를 강요한 지배 형태가 상당히 지속적이었음을 입증하였다. 맘다니에게 있어 정치적 정체성은 학계에서 많은 주목을 받는 시장경제 또는 문화에 근거한 정체성과는 별개로 존재한다. 신민의 정치적 정체성은 권력집단이 스스로에게 권리를 부여하고 신민 집단을 그 관습에 맞춰 살아가도록 강제하는 지배를 통해 생성된다.[29]

제국과 시민권은 대개 반대 개념으로서 대비되지만, 맘다니는 아프리카를 지배했던 식민지 세력이 퇴출되고 나서 남겨진 인구가 여전히 제국의 특징인 수평적인 정치적 정체성을 고수하고 있었다는 점을 지적한다. 수평적인 정치적 정체성과 수직적인 민족적 구분은 민족적, 인종적 정체성으로부터 합법적인 위계를 도출한다. 따라서 예컨대 우간다에서는, 다양한 토착 민족 집단들이 각자 완전히 구분되는 관습법에 따라 법적으로 구분되었다. 정착민의 인종들 또한 수직적 위계를 통해 구분되었다. 동아프리카, 중앙아프리카, 서아프리카의 인도인들은 법적으로 정착민이나 토착민 그 어느 쪽에도 속하지 못하였다. 평등주의적 형태의 정치적 구성원 개념에 따라 이 수평적 계층화를 파괴하는 대신, 식민지배를 당했던 많은 국민들은 그들이 지배를 당하며 적응해야 했던 시민과 신민의 모델을 재생산하기 위해 '진짜 국민' 내지는 '토착민'이라는 명분을 내세워 서로를 지배하려 하였고 이는 대부분 성공적이었다. 토착민으로 간주되면서 타인으로부터 제도적 권력을 빼앗을 능력이 있는 사람들은 국가기관을 장악하여 제도적 권력이 없는 비토착민을 굴복시킬 수 있었다. 이 방식으로, 식민 지배를 당했던 사람들이 또 다른 희생양들에게 권력을 휘둘러 그들을 다시 신민으로 만드는 결과가 나타났다.

결국 이것이 시민과 신민을 구분하는 핵심 기준이다. 역사적으로, 근대 시민 개념은 전근대 사회의 정치구조 아래 대부분의 사람들이 신민으로서 겪어야 했던 자의적인 지배로부터 벗어나려는 노력의 산물이었다. 근대 시민의 기원에 관한 이 이야기는 일반적으로 미국과 프랑스 혁명에 지대한 영향을 주었던 계몽주의 시대의 권리 이론가들이 가진 관점을 통해 전달된다. 각각의 사례에서 혁명가들은 독단적 명령으로 통치하던 왕들과 낮은 서열을 타고난 사람들을 배척하는 젠트리 지주층을 몰아내려 하였다. 하지만 지배로부터 해방되는 것은 언제나 귀족을 축출하는 것 이상의 무언가를 요구하기 마련이다. 권리에의 평등한 접근을 관철하는 적극적인 법과 그 법의 강력한 시행이 필수적이다. 존 스튜어트 밀John Stuart Mill은 『자유론On Liberty』에서 이 점을 강하게 지적하는데, 그는 다수가 소수에 대해 폭정을 행사하는 민주주의 사회는 폭군이 지배하는 왕정만큼이나 우려스럽다고 하였다.

정체성 계급, 그리고 신민과의 구분에 더하여, 시민권은 또한 국적nationality* 개념과도 동의어로 쓰일 수 없다. 국가의 범위와 일치하든 일치하지 않든, 민족에 대한 애착은 강력하고 중요한 정체성을 형성한다. 국적과 시민권은 서로 영향을 주고받을 수 있다. 그러나 각 단어의 의미를 명확히 하면 두 개념을 서로 바꿔 쓸 수 없다는 것을 알 수 있다. 시민권과 국적의 구분은 우멘T.K. Oommen이 유용하게 탐구해 온 주제인데, 그는 시민권 개념은 국적이 포괄하지 못하는 것을 지시할 수 있기 때문에 필요한 것이라고 가정하였다. 국적의 용례에는 크게 두 가지가 있다.** 첫 번째는 여권의 소지나 국가 영토와 관련된 권리를 대리하는 것이다. 흔히 누군가의 국적은 국민국가가 그들에게 여권과 영주권, 재입국할 권리를 제공하는 순간 정해진다고 여겨진다. 이것은 법적 지위로서 일차적인 의미를 가지지만 시민권에 비하면 덜 넓은 개념인데, 시민권은 단순히 여권과 거주 이전의 자유만을 수여하는 것이 아니기 때문이다. 미국 국민이긴 하나 미국 시민은 아닌 아메리카 사모아인의 사례를 들면, 그들은 미국 여권을 가질 수는 있지만 미 연방, 주 정부, 지방정부에 대한 투표권을 가지지 못한다. 마찬가지로, 권위주의 국가의 여권을 가

---

* (옮긴이) 또는 민족성
** (옮긴이) 'Nationality'라는 단어의 두 용례를 설명하고 있으나, 한국어에서는 이것이 각각 '국적', '민족성'으로 달리 번역된다.

진 사람을 보면 일상적 어법으로는 그를 그 국가의 '시민'이라고 부를 수 있을 것이다. 하지만 자세히 살펴보면, 권위주의적 지배하에 있는 사람들에게 허용된 정치적 기회는 시민권의 수준에 미치지 못한다. 그들은 시민이라기보다는 (그 나라의 국적을 가진) 국민, 심지어 신민 쪽에 더 가깝다.

국적(민족성)의 두 번째 용례는 민족에 대한 정서적 공동체로서의 애착을 포괄하는 것이다. 에르네스트 르낭Ernest Renan의 유명한 표현을 빌리자면, 민족은 "영혼, 즉 정신적 원리"가 있다.[30] 과거와 현재가 이것을 구성하며, 그 산출물은 제도적이라기보다는 정서적인 것이다. 민족은 국가와는 구별되는 것으로서 사람들이 언어, 역사, 문화, 그 외에 소속감을 주는 규범들을 공유하는 공동체이며, 이것은 그들이 국가의 지역적, 행정적 관할권 아래에 있는지 여부와 상관없이 작용한다. 오늘날 국제 사회 질서 속 민족성을 규정하는 초국가적 공동체의 사례로 (셋 모두 복잡하고 논쟁적인 경우이긴 하나) 이슬람의 움마umma, 힌두교 민족주의자, 그리고 디아스포라 유대인diasporic Jews의 세 가지를 들 수 있다. 세 경우 모두, 그 구성원들은 스스로 공통의 정체성을 공유한다고 여긴다. 과도한 단순화의 우려가 있으나, 이 세 가지 형태의 민족주의는 다음과 같이 요약될 수 있다. 이슬람교에서, 움마라는 개념은 믿음을 공유하는 모든 이들에게 형제와 같은 관계를 요구한다. 세계 곳곳의 유대인들은 서로 다소 이질적임에도 불구하고 최소한 고대로 거슬러 올라가면 공통의 역사를 공유하게 되는 초국가적 공동체를 형성한다. 그리고 힌두교 민족주의자들 또한 적어도 아주 먼 옛날에는 같은 역사를 공유했다고 주장한다.* 하지만 이 세 민족 중 어떤 곳에서도 그 구성원들이 시민권적 지위를 그들이 속하는 민족과 필연적으로 동일시하지 않으며, 소속된 국적(민족성)과 별개로 특정한 시민권의 형태를 추가적으로 요구하고 있다.

---

* 이야기하는 대상에 따라, 이 집단의 구성원들은 공유된 정체성의 다른 여러 지표들을 부각할 수도 있다. 우리가 여기서 각 경우에 대해 공유된 정체성의 요소로 주목한 것에 대해 모두가 동의하지는 않을 것이다.

02

시민권의 이론들
Theories of Citizenship

시민권의 이론들
Theories of Citizenship

서론
Introduction

  정치적 구성원의 권리, 구체적으로는 시민권 개념을 다루는 학문의 상당 내용은 고대로 거슬러 올라가 찾을 수 있다. 그 내용은 워낙 방대하여 다소 부담스러울 수 있지만, 시민권 개념의 발전과정 중 결정적 단계에서 드러나거나 이론 전반을 관통하는 공통된 주제에 관한 것이다. 이 장에서 우리는 시민권에 대한 철학들 중 가장 영향력 있는 것들에 대해 알아볼 것이다. 오늘날 시민권은 정치 이론을 이루는 두 가지 사상적 조류, 즉 자유주의 그리고 시민 공화주의와 가장 밀접한 연관이 있다. 우리는 이 둘 모두를 다룰 것이다. 하지만 앞으로 나아가기 전에 유념할 점이 있다. 시민권 개념의 역사와 발달을 단순히 자유주의와 시민 공화주의라는 두 전통의 대립으로써만 바라보는 것은 과도하게 도식적인 접근이다.[1] 그러나 리처드 벨라미Richard Bellamy가 관찰한 것처럼, 그러한 작업은 "그 자체로 역사라 하기에는 미심쩍지만, 역사를 기록한다는 관점에서는 정당한 것이다."

우리는 먼저 고대로 거슬러가, 그리스와 로마 시대에 시민권에 대한 생각, 그리고 그들이 가졌던 민중demos(데모스)과 공화국 개념에 대한 다양한 갈래의 해석을 분석할 것이다. 이 지점에서 두 가지 전통이 발견된다. 하나는 (비록 이 두 전통이 완전히 동일한 것은 아니지만) 그리스 모델로서 로마 공화정으로 계승되는 전통이다. 이 모델은 정치 참여를 핵심적인 요소로 강조한다.[2] 다른 하나는 로마 제정에 관련된 것으로서, 법 앞의 평등을 핵심 요소로 여긴다.[3] 이 두 번째 전통은 오늘날 시민권의 자유주의적 모델로 이해되는 것과 가장 가까운데, 구체적으로는 변형된 사회계약론 사상이라 할 수 있다. 따라서 시민권에 대한 고전적 모델을 다룬 후에는 초기와 후기의 사회계약론, 즉 존 로크John Locke, 장 자크 루소Jean-Jacques Rousseau, 미국의 건국자들이 발달시킨 사상을 탐구하여 자유주의의 기원을 추적할 것이다. 이는 그러한 사상들이 고대의 모델들에 대비되는 지점과 그것들을 존속시키는 지점을 중심으로 서술될 것이다. 이 작업은 우리로 하여금 현대의 시민권 이론을 이해할 수 있는 발판을 마련하는데, 이는 자유주의적 시민의 권리가 어떻게 탄생하게 되었는지와 어떻게 그것이 상호 영향을 주고받았는지에 대해 토마스 험프리 마샬T. H. Marshall이 제기한 이론적 설명을 포함한다. 말미에는 자유주의적 시민권 전통에 제기되는 오늘날의 비판에 대해 알아본다.

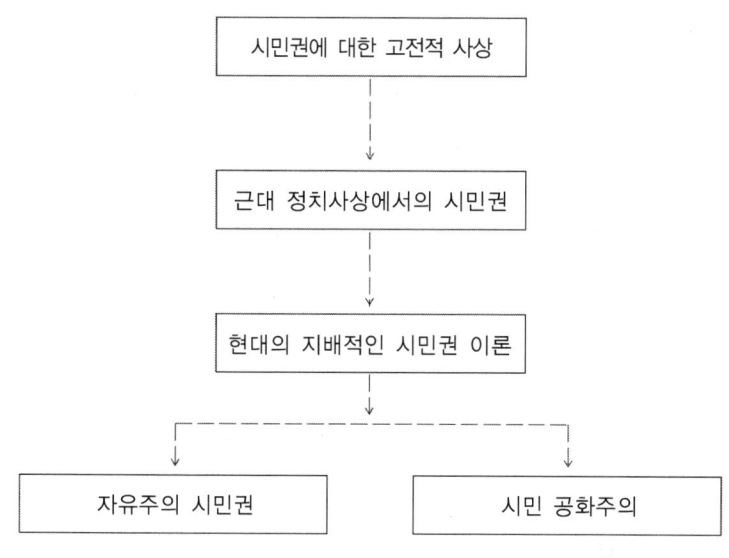

그림 2.1 시민권 이론의 계보

고전적 모델
Classical models

근대적 시민권 이론들 중 시민 공화주의 사상에 깊게 관여된 이론들은 고전적 시민권 사상에 크게 빚을 지고 있다. 근대 사상가들이 자주 참조하는 고전적 시민권 모델들은 공론장의 개념을 창안한 것으로 널리 알려져 있는데, 이 영역에서는 발언, 숙의, 집단적 의사결정이 귀족정과 참주정의 질서를 대체하였다. 이러한 시민권 개념은 아리스토텔레스의 『정치학Politics』에서 설명하고 있는데, 이는 자치를 도입하려는 노력과 그것을 잘 해내기 위해 요구되는 행동들로서 인간이 추구해야 할 한층 더 고상한 가치였다. 아리스토텔레스에게 시민권은 수단적 가치가 아니라 좋은 시민들이 그 자체로서 추구하는 것이었다. 그는 정치에 대해 자신이 지향하는 바 안에 구성원의 자격, 철학, 그리고 의무를 한 데 녹여내었다. 『정치학』에서 아리스토텔레스는 시민의 "특별한 자질은 그가 정의의 집행과 공직의 수행에 참여한다는 점"에 있다고 보았다.[4] 이것은 시민과 시민이 아닌 자 사이에 큰 장벽을 세우는 접근이다. 그에 따르면, 평등한 능력을 갖추었으며 도덕적이고 공적인 정신을 가진 공동체 구성원들은 폴리스나 도시, 그리고 (시민에게만 국한되지 않는) 포괄적인 구성 자격을 발달시키는 구체적인 일을 함으로써 시민으로 거듭난다. 아리스토텔레스에게 있어 이상적 시민성이란 항상 그 자체로 선한 것이며 갈구해야 할 목표이다. 그것은 우리가 인간으로서 가진 고유한 능력의 완전한 실현이다.

아리스토텔레스에 따르면, 집단적 자치를 할 수 있는 능력을 가진 이들의 평등과 독립성은 그들을 노예, 여자, 그 외에 자기지배의 과업을 수행할 만한 자립심을 갖추지 못한 자들과 구별짓는다. 따라서 시민들은 소수의 엘리트 집단을 형성하는데, 그들은 좋은 삶과 탁월함에 대해 생각하고, 경험으로 얻어지는 실천적인 지혜인 **실천지**實踐知, phronesis를 행할 수 있는 능력을 갖춘 자들이다.

다음 논의로 나아가기 전에, 아리스토텔레스의 시민권에 대한 몇 가지 중요한 점들을 짚고 넘어가보자. 첫째, 아리스토텔레스적 시민권의 역할은 두 갈래로 나뉜다. 시민으로서 공직에 종사하려면, 아테네인들은 통치하는 능력과 통치받는 능력을 동시에 갖추어야 했다. 이렇게 보면 시민권은 능동적이면서 수동적인 능력과 덕목을 요구하는 것이다. 전자는 숙고에 의한 판단과 막중한 공적 책임감을 요구하고, 후자는 개인의 사적 이익을 자제하고 공적 이익을 우선시하도록 요구한다. 지배와 피지배의 능력을 모두 함축하는 양면적 시민성의 개념은 계몽주의 시대에 다시금 울려퍼졌으며, 루소의 『사회계약론 The Social Contract』에서 아마도 가장 두드러지게 나타났다.

둘째, 이러한 유형의 시민권은 포용적이기보다는 엘리트주의적이고 가부장적인 성격을 띤다. 그리스인들은, 평등한 관계를 누릴 수 있고 그렇기에 시민의 자질을 갖추었다고 여겼던 소수의 집단과 외부 집단 사이에 강하게 선을 그었다. 그들에게는 자치에 대한 책임뿐만 아니라 자치의 능력이 없는 다수를 통치하는 일에 대한 책임도 있었다. 아테네에서 평등이라는 가치는 인간 고유한 것도 아니었으며 모두가 가지고 있는 것도 아니었다. 고대 그리스인들이 시민들에게 부과했던 이 배제는 성별, 재산 소유의 여부, 민족성과 같은 특징들에 기반을 두고 있었다. 초기 민주주의를 낭만화하려는 사람들은 이 굉장히 낯선 평등관에 우선 맞닥뜨리게 될 것이다. 천부적 평등에 대한 오늘날의 자유주의적 이론들은 그리스인이 가졌던 생각과 모순된다. 그리스인들에게 평등이란 오직 선택받은 엘리트들만 실천할 수 있는 것이었다. 특히, 평등하기 위해서는 필요와 욕구뿐만 아니라 저급한 욕망으로부터도 독립적일 수 있어야 했다. 필요를 충족하기 위해 직업에 의존해야만 하는 이들은 독립적인 존재가 아니며 스스로가 가진 걱정거리를 제쳐두고 정치공동체의 더 큰 이익에 집중하기에는 그들을 짓누르는 사사로운 이해관심에 너무나도 취약했다. 재산을 가진 이들만이 더 큰 이익과 폴리스의 선goods에 대해 생각할 여유가 있었는데, 그들은 기본적이고 저속한 사익을 목적으로 정치에 참여하지 않았기 때문이다. 또한, 재산의 소유는 시민적 덕목으로서도 빈번하게 요구되었으며,* 재산은 그 소유자를 그 영토 내에 확실하게 묶어두는 수단으로서 그들이 성공하도록 돕고 계속 거주자이자 시민, 국가 복지의 신탁자로 남을 수 있도록 해 주었기 때문이다. 노예, 여성, 외국인, 빈자들은 평등을 누리기에는 너무 결핍된 것이 많았고 집단적 자치의 자격을 갖추지 못했다. 결정적으로, 그들은 정의감을 함양할 자유가 없었다. 아리스토텔레스적 시민은 공공과 폴리스에 봉사하는 고차원적 작업을 위해 여가, 교육, 재산 소유, 사익에 구애받지 않는 마음이 있어야 했다. 당시의 선good이란 구성원 개개인의 선이 아닌 사회 전체의 선으로서 받아들여진 개념이었다.

셋째, 민주적인 시민권은 어떤 형태로든 대표권을 필요로 하는 개념이다. 이렇게 보면 특히 아테네 시민권이 따르는 대표권의 유형은 인구 대다수가 그들의 이익을 대변할 시민의 자격을 갖춘 소수에게 의지하고 있었다는 점에서 대리delegation라기보다는 신탁trusteeship 모델에 가까웠다.⁵ 신탁을 받은 이 수탁인들은 타인을 대표하여 그들이 할 수 있는 최선의 판단을 통해 당시의 관점에 따라 공동체 전체의 최선의 이익을 위해 결정을 내린다. 오늘날 세계에서, 사람들은 그들의 대표자들이 대

---

* 물론 여기에도 예외는 있다. 예컨대 가난한 아테네인들도 시민의 자격을 얻을 수 있던 시기도 있었다.

리인으로서 그 시민들의 이해관심과 소망들을 확실하게 지지할 것이라 기대한다. 대표권에 대한 현대 사상가들은 어떤 유형의 대표가 이상적이며 민주주의적 규범을 가장 잘 실현하고 서로 다른 제도와 선거 형태에 가장 잘 녹아들 수 있을지에 대해 상이한 입장을 취한다. 예컨대 누군가는 기술記述적 대표권을 옹호하는데, 이는 집단의 대표자는 그 집단 속의 다수와 같은 특징을 공유해야 한다는 주장을 강화한다. 이에 따르면, 남성으로만 구성된 입법자들은 모든 국민의 대표자로서 어떤 의미 있는 가치도 가지지 못한다. 다른 이들은 대표권을 능력을 갖춘 자라면, 대표하는 집단의 성격을 공유하는가와 무관하게 누구든 수행해낼 수 있는 일종의 직무로 본다. 결국 아리스토텔레스적 시민권의 규범을 현대에 와서 되풀이하는 것은 다소간의 논쟁을 불러일으킬 것으로 보인다.

아리스토텔레스의 정수가 담긴 고대 그리스 시민권과 달리, 로마의 시민권 개념은 법적 지위와 정치적 지위를 구분한다. 따라서 로마 시민권은 완전한 정치적 구성원은 못 되는 피정복민들의 법적 지위 등 몇몇 측면에 있어서 혁신적인 성과를 보여주었다. 로마제국은 수많은 다양한 인구와 광활한 영토에 그 영향을 뻗쳤는데, 이에 따라 국가 운영에 있어 많은 난관에 직면했다. 이 난관들은 고도로 관료화되고 때로 엄격한 법률에 따른, 다양하고 다층적인 구성원 형태를 내포한 정치 체제로써 타개되었다. 그리스인들은 사회적 지위를 시민과 외국인 거주자metics (여기에는 아리스토텔레스도 포함되었는데, 그는 아테네에 친화적인 외국인으로서 그곳에서 태어나지도 않고 완전한 시민이 되지도 않았지만 아테네인들에게 환영받았다)처럼 아주 적은 수의 범주로만 구분하였는데, 이에 비해 로마인들은 다른 접근법을 취했다. 그들이 강대한 제국을 세울 수 있었던 방법은 다양한 유형의 구성원 자격을 제공하는 것이었다. 그것들 중에서 그리스인이 자랑스러워 했던 자치의 수준을 포함하는 권한은 거의 없었지만, 대부분의 자격들은 일정한 정치적 입지를 제공하여 노예제나 단순한 예속화의 수준을 벗어나게 하였다. 구성원 자격의 확장은 로마인들이 그토록 다종다양한 피정복민들을 오랫동안 지배하기 위해 애써 온 방식들 중 하나였다.

사회계약론과 시민권

Social contract theories and citizenship

근대성은 시민권 개념을 재창조하였다. 새롭게 탄생한 시민권의 유형들 중에는 몇몇 고대 철학자의 사상에 근거한 것도 있었으나, 그 변화의 방식은 해당 철학자들뿐 아니라 그들이 모범으로 삼는 시민들에게조차 생소한 것이었다. 이 근대적 시민권이야말로 우리가 오늘날 습득하고 실천하며 후대로 전승하는 유형의 것이기에, 우리는 이제 이 주제로 관심을 돌리려 한다.

오늘날의 시민권 개념은 여러 다양한 기원을 가진다. 그것들을 모두 열거할 수는 없지만, 시민권 개념을 현재의 형태로 굳어지는 데에 18세기 후반의 미국과 프랑스 혁명, 그리고 그로 인해 탄생한 성문헌법의 역할이 결정적이었다는 데에는 이론의 여지가 없다. 이러한 헌법들의 철학적 기반은 또 다시 17세기와 18세기의 사회계약론으로 거슬러 올라간다. 사회계약론은 자치에 입각한 자유롭고 평등한 정치공동체 속에서 자신의 권리를 주장하는 것이 그 구성원으로서의 역할임을 정당화하였다.

이 시기에 토마스 홉스Thomas Hobbes, 로크, 루소와 같은 사회계약론자들은 자치의 이상을 주장함으로써 전통적인 주권 개념과 더불어 전통적인 시민권 개념에도 변화를 가져왔다. 이는 주권이 인민에게 있다는 가정이 필연적으로 만인의 정치적, 법적 평등에 대한 요구로 이어지기에 가능했다. 계몽사상으로부터 주권에 대한 사회계약론적 해석이 도출되기 이전 시대에 '주권'이란 종교와 무관한 세속적인 것이었으며 인민을 다스리는 세습적 절대왕정이나 그 제도, 예컨대 황제의 권력 등과 항상 결부되어 있었다. 물론 왕정이나 식민지배 정부의 신민이 되는 것이 특정한 정치공동체에 소속된 상태를 의미하기는 했으나, 그것은 피지배층에 대한 주권자의 절대적 지배라는 성격을 띨 뿐이었다.

인민의 공동체가 동등한 주권자가 될 수 있다는 사상은 그들이 스스로를 규율할 법을 제정하고 참정권과 같은 정치적 권리를 스스로에게 부여할 수 있다는 점에서 완전히 새로운 이상이었다. 그 전조는 프랑스와 영국에서 여러 계몽주의, 민주주의 사상가들의 글에서 찾아볼 수 있지만, 가장 대표적인 것은 로크Locke와 루소Rousseau의 저작이다. 이 절의 나머지 부분에서는, 시민권의 현대적 개념에 영향을 끼친 이들의 사상을 살펴보며, 이를 통해 시민권을 둘러싼 근대 사유의 두 가지 핵심적 흐름을 검토하고자 한다.

로크

미국 건국에 존 로크가 얼마나 영향을 주었는가 하는 문제는 학계의 논쟁 대상이다. 누군가는 초기 미국의 정치사상에 '로크적인' 합의가 있었다고 주장하고,[6] 또 누군가는 '시민 공화주의' 전통을 가장 두드러진 요소로 생각하기도 한다.[7] 그러나 서론에서 언급한 바와 같이, 이 두 가지 주류적인 의견 외에 미국 정치사상 내의 종속과 지배질서를 구체화하는 것을 포함한 다중적인 전통이 공존했다고 이야기하는 입장도 있었다.[8] 하지만 여기서 우리의 취지에 가장 부합하는 설명은, 계몽적 사회계약론이 시민권 개념을 소수가 가진 특권에서 민족적으로 널리 공유되는 특성으로 전환함으로써 급진적 변화가 일어났다는 사실이다. 예컨대 널리 알려진 것처럼, 토마스 제퍼슨은 미국 독립선언문에서 모든 사람의 도덕적 평등 개념을 "우리는 다음과 같은 사실을 자명한 진리로 받아들인다. 즉 모든 사람은 평등하게 창조되었고, 창조주는 몇 개의 양도할 수 없는 권리를 부여했으며, 그 권리 중에는 생명과 자유와 행복의 추구가 있다"[9]고 명문화하였다.

제퍼슨의 이 경구는 단순히 사회계약론의 아이디어와 결부되어 있는 것을 넘어서, 평등주의 정치학에 대한 로크의 논거로부터 사실상 직접 도출되는 것이다. 『통치론 Two Treatises of Government』에서 로크는 17세기 영국 철학자 토마스 홉스의 양도 불가능한 '생명권' 이론을 확장한다. 로크는 모든 개인이 양도 불가능한 생명에의 권리를 가진다는 홉스의 원초적 주장에 두 가지 권리를 추가한다. 그것은 자유에 대한 권리, 그리고 재산에 대한 권리이다. 로크에게 있어서 생명과 자유, 그리고 재산이라는 세 가지 권리는 모두 신으로부터 부여된 것이며, 이 권리들은 개인의 노동과 작업 능력과 깊이 연관되어 있다. 로크에 따르면, 신은 창조주이자 만물의 '창조자'이다. 인간의 소명 중 하나는 신의 창조행위를 따라 스스로의 작업을 통해 무언가를 만들어내는 것이다. 그렇게 함으로써 우리는 가치와 재산을 창출한다. 그런데 인간의 노동력은 신이 부여한 것이므로 양도할 수 없다. 따라서 그 노동이 창출하는 가치인 재산 또한 같은 이유로 양도 불가능한 것이다. 자유와 생명 또한 신으로부터 받은 것으로서 양도할 수 없다. 소유권에 대한 이러한 아이디어는 여기서 언급된 세 가지 권리의 양도불가능성을 정당화하는 추가적인 근거를 구성한다. 우리 자신, 그리고 신만이 생명, 자유, 재산의 주인이기 때문에 양도 불가능하다. 따라서 여기서 재산property이란 로크가 규정한 세 가지 양도 불가능한 권리 중 하나이기도 하고 그것들을 모두 포함하는 개념이기도 하다. 이러한 진술에 따르면 생명과 자유 또한 재산이라고 볼 수 있다.[10]

로크가 구상한 '자연 상태'의 개념은 근대적 시민권을 더 면밀히 보여준다. 홉스는 법의 지배가 부재하는 사연 상태 속에서 개인의 생명이 지속적으로 위협받을 것을 염려하였는데, 이와 달리 로크는 무엇보다도 법의 지배가 없는 상태에서 사람들이 특정한 '불편사항'들을 겪게 된다는 점을 우려하였다.[11] 그의 사회계약론은 이러한 불편사항들에 대한 탈출구를 제시하였는데, 그것이 인간의 양도 불가능한 권리들을 확실히 보호해주기 때문이었다. 그가 『통치론』에서 생명, 자유, 재산에 대한 권리에 초점을 맞췄다고는 하지만, 로크는 '행복의 추구'에도 관심이 있었다.

널리 알려진 것과 달리, '행복의 추구'라는 표현은 독립선언문을 쓴 제퍼슨이 원조가 아니다. 그것은 로크의 『인간 지성론*An Essay Concerning Human Understanding*』에 두드러지게 나타는 표현으로, 천상 구원의 행복에 대한 로크 자신의 청교도적 사상으로부터 직접 도출된다. 그는 '행복'이란 천상의 구원에서 찾을 수 있는 것으로 보았다.¹²

제퍼슨은 미국 혁명과 이에 따른 자주적 미국 시민의 성립을 독재 군주로부터의 해방이라는 관점으로써 정당화한다. 이는 그가 로크적인 근거에 의지하고 있음을 보여준다. 『통치론』에서 로크는 혁명권을 인정하고, 인민이 오랜 세월에 걸쳐 권력 남용의 대상이 되어 온 경우에는 현존하는 사회계약을 깨고 새로운 질서로 대체하는 것을 지지하였는데, 제퍼슨의 독립선언문은 바로 이 지점을 확장한 것이다.

> 실로 인간사를 숙려해 볼 때 오랜 역사를 가진 정부는 경미하고도 일시적인 이유로 변경되어서는 안 된다. 그러나 오랜 세월에 걸친 학대와 착취가 변함 없이 인민을 절대 전제정체에 예속시키려는 동일한 목적을 위한 것임이 명백해진 때에는, 이러한 정부를 타도하고 미래의 안녕을 위해 새로운 보호자를 강구하는 것은 인민의 권리이자 의무이다. 작금에 이르기까지 식민지가 감내해 온 고통이 바로 이러한 것이다.*

---

* (옮긴이) 안경환(2001), 「미국 독립선언문 주석」, 『국제·지역연구』, 10(2), 서울대학교 국제학연구소, pp. 113~114의 번역을 참조함.

초기 공화국의 영국인 피정복민들을 대표하여 이러한 문구를 작성함으로써, 제퍼슨은 일종의 원시적 시민상을 구성하였다고 할 수 있다. 이 신세계에 살고 있는 사람들은 이제 자의적이고 부당한 독재정권 아래 고통 받은 역사를 공유한 자들로서 정체성을 형성할 수 있다. 미국 건국이 근대적 시민권을 탄생시킨 것은 분명한 사실이다. 그것은 건국을 통해 영국의 지배에서 벗어나 인민들이 주권을 행사하는 체제로 전환되는 바로 그 시기에 발생하였으며, 인민의 주권은 "우리 미합중국 국민은 더 완벽한 연방을 형성하기 위하여…"로 시작하는, 한 편의 시와도 같은 미합중국 헌법 전문 속에 성문화되었다.

여러 다른 건국자들, 예컨대 연방주의자와 반연방주의자들도 사회계약론자와 마찬가지로 연방 헌법이 법치와 시민적 자유를 보호하는 데에 중요하다고 생각했다. 매디슨James Madison은 홉스가 가졌던 인간 본성에 대한 회의주의를 다시금 일깨우며, 「연방주의자 논고Federalist」 51호에서 "인간이 천사와 같다면, 어떠한 정부도 필요 없을 것"이라 기록했다. 같은 글의 뒷부분에서 그는 견제와 균형의 문제를 제기하며 "야망은 다른 야망을 서시하기 위해서만 품어야 한다"고 쓰기도 했다. 한편 시민권에 대해 건국자들이 지녔던 아이디어는 영국 정치사상뿐 아니라 프랑스 철학에도 많은 영향을 받았다. 근대적 시민권을 완벽하게 이해하기 위해서는 루소와 프랑스 혁명, 그리고 1789년 "인간과 시민의 권리 선언Rights of Man and of the Citizen"에 대해서도 논해야 하는데, 다음 절에서 우리는 이 주제를 다루고자 한다.

루소

프랑스 혁명의 "인간과 시민의 권리 선언"(이 선언의 초안 작성자 중에는 토마스 제퍼슨도 포함되어 있었다)은 시민권이 부여하는 권리를 표현한 최초의 근대적 문서 중 하나이다. 미국 독립선언문 이후 몇 년 후에 작성된 이 문서는 인간의 '자연적 권리'를 열거하고 있다. 여기에 친숙한 개념이 등장하는데, 이 자연적 권리란 '자유, 재산, 안전 그리고 압제에의 저항 등이다.' 미국 헌법의 경우와 마찬가지로, 이 문서 또한 조직된 정치 집단으로서 전 국민에게 주권을 부여한다. 이 문서에 따르면 "모든 주권의 원리는 본질적으로 국민에게 있다. 어떠한 단체나 어떠한 개인도 국민으로부터 명시적으로 유래하지 않는 권리를 행사할 수 없다." 이 텍스트 전체에 걸쳐 로크, 몽테스키외Baron de Montesquieu, 그리고 루소의 사상들을 찾아볼 수 있다. 우리는 특히 루소의 사회계약론적 영향에 주목해 보려 한다.

루소에게 있어서 적법성이란 '공정한' 사회계약에 의해 보장되는 것으로 보인다. 이는 구성원과 비구성원 사이에 명확한 경계선을 설정할 것을 요구하는 한편('시민'이라고도 불리는) 그 구성원들의 범주 내적으로는 서로 차별받지 않는 동등한 관계를 요구한다. 루소의 시민상은 "그것을 구성하는 사람들 사이에 어떠한 구분도 두지 않는다." 하지만 『사회계약론The Social Contract』에서 루소는 제네바에 거주하는 사람들을 별다른 비판 없이 다섯 가지 범주로 서열화하는데, 그들 중 두 유형만이 완전한 시민에 속한다. 게다가, 『학문예술론The First Discourse』과 『사회계약론』에서 표현된 불평등에 대한 명백한 혐오에도 불구하고, 루소는 평등을 사회가 노력하고 부분적으로나마 달성할 수 있는 규범이 아니라 개인들이 성취할 수 있는 자질로 취급한다. 그가 "노예제도하에서 태어난 모든 사람은 노예제를 위해 태어나는 것이다"라고 선언한 것은 시민권을 일부 사람들이 소유하여 어린 시절부터 함양하고 생애에 걸쳐 갈고 닦는 일종의 기술로 간주했다는 점을 뒷받침한다. 이는 우리가 고대의 시민권 모델을 통해 바라보았던 모델에 차라리 가까운 것이다.[13]

시민권을 특정한 능력으로 바라보는 이 관점을 통해 루소는 구성원의 평등이 다원주의 조건하에서도 달성될 수 있다고 주장하는 대신 아주 낮은 다양성만을 보이는 공동체를 선호하는 쪽으로 돌아선다. 이 방법으로, 루소는 다양성이 집단적 의사결정과 자치라는 기획을 저해할 것이라는 고대 사상가들의 우려를 계승하고 있다. 루소는 『에밀*Emile*』에서 자유의 조건과 적절한 정치교육에 대해 자세하게 설명한 바 있는데, 이는 자치와 자유의 능력을 동등하게 가진 자들(모두 유사한 생각을 가졌기 때문에)로 구성된 대중의 사회 귀결된다. 루소에게 있어서, "사회 계약은 시민들 간의 평등을 이룩하는데, 그들이 모두 같은 조건에 서약하며 모두가 동일한 권리를 누려야 하기 때문이다."[14] 시민권을 사회계약론의 필연적 결과로 여기는 오늘날의 많은 시민권 이론들은 자유주의 사상에 깊게 관여되어 있다. 그러나 실제로 이들 간의 관계는 훨씬 더 복잡하다. 루소는 로크와 마찬가지로 근대적 사상가이지만, 그가 전개한 시민권 사상은 단순히 '자유주의적'이라 말하기 어려운 고대 시민권 사상을 계승하고 있다. 이는 우리가 이 장의 결론부에까지 계속 추적해나갈 논의 사항이다. 먼저 자유주의적 사상가들과 그들이 현대적 시민권 이론에

준 영향에 대해 다룰 것이다. 그런 다음, 다음 절의 후반부에서는 이러한 설명에 대해 시민 공화주의의 현대적 변형 이론들이 제기하는 반론을 탐색해본다.

현대적 시민권 이론
Contemporary thought on citizenship

20세기에 시민권 이론은 일련의 다른 변형을 거쳤다. 이는 시민권이 결코 고정된 개념이 아니며 계속해서 진화한다는 점을 시사한다. 20세기에 시민권에 대한 관심은 두 가지 단계를 거치며 부활하였다. 첫 번째, 20세기 중반, 사회 구성원의 자격과 민주주의 이론에 대해 연구하는 사상가들은 자격에 대한 권리 중심적 설명에 대해 자유주의와 사회민주주의가 제시하는 해석에 집중하였다. 그에 대한 응답으로, 이러한 법적, 형식적인 국가중심 접근이 시민권의 실제를 소홀히 한다고 생각했던 몇몇 비판자들이 의무, 숙의, 덕과 같은 개념들을 부활시키기 위해 고전 이론가와 루소의 사상을 들여왔다. 다른 이들은 세 번째 유형의 설명을 내놓았는데, 이들은 공동체주의와 신아리스토텔레스주의 Neo-Aristotelian의 작업을 도입했다. 이 발전사에 대한 내용이 아래에 이어질 것이다.

자유주의 사상가들

자유주의적 시민권에 대한 현대적 이론 중 가장 대표적인 설명은 마샬의 이론에서 찾을 수 있다. 그는 시민권의 진화론적 발전 과정을 추적하며, 필수적인 시민적, 정치적, 사회적 권리의 측면으로 설명하였다. 마샬의 1949년 강의록인 "시민권과 사회계급Citizenship and Social Class"은 평등에 대한 사회민주적 규범에 크게 영향 받은 관점을 제시하는데, 이는 오늘날 시민권 논의의 포문을 연 것으로 평가된다.

마샬의 주요한 공헌은 시민권에 관한 법적 진화를 체계적으로 정리한 데 있다. 마샬의 주장에 따르면, 시민권은 시민적·정치적·사회적 권리들이 서로 얽히고 결합되는 지점에서 완성된다. 그는 '공동체, 즉 시민권의 완전한 구성원 자격과 관련된 기본적인 인간의 평등이 존재한다'는 전제를 출발점으로 삼는다. 그리고 후기 계몽주의 시대에 이르러 점차적으로 형성되어온 시민권의 세 가지 유형을 다음과 같이 구분한다.

> **시민적 속성**civil element은 개인의 자유에 필수적인 권리들로 구성된다. 그것은 일신상의 자유, 표현과 사상, 양심의 자유, 재산을 소유하고 유효한 계약을 맺을 권리, 그리고 정의(정당한 절차)에의 권리이다.
>
> (…)
>
> **정치적 속성**political element은 정치적 권위를 지닌 단체의 구성원으로, 또는 그러한 단체의 대표 선출권을 가진 자로서 정치적 권력의 행사에 참여할 수 있는 권리를 의미한다. **사회적 속성**social element은 다소의 경제적 복지와 안전을 누릴 자유에서부터 사회적 유산을 온전히 분배받고 사회에서 통용되는 기준에 따라 인간다운 삶을 누릴 수 있는 권리에 이른다.[15] (강조표시는 옮긴이가 한 것이다.)

마샬은 시민권의 역사를 설명하며 18세기에 발전한 시민적 권리를 묘사하는데, 이는 사회계약론과 초기 형태의 자본주의 발달에 의해 자극받아 대두된 것이다(자본주의는 부흥을 위해 사적 재산과 계약의 권리를 필요로 하였다). 이 시기 동안 모든 주권을 가진 정치체제의 주요한 임무는 사회계약론에 명시된 양도 불가능한 권리를 보호하는 것이었다. 이 권리란 재산에 대한 소유권, 자유로운 계약의 권리, 표현과 신념, 양심의 자유 등이었다. 19세기에 들어서는 투표권, 대표권과 같은 정치적 권리에 대한 관심이 높아졌다. 그러한 권리들은 점차 발전하여 대표권과 선거권을 뿌리내리게 하기 위한 수단이 되었다. 사회적 권리는 20세기에 가장 늦게 등장하였으며 미국과 같은 선진국에서는 불균등하게 발달하였다. 이 세 가지 권리는 이후 국적과 결합하였는데, 여기서 국적이란 한 국가 영토 내에 자유롭게 머무르고 이동할 권리를 의미한다. 마샬은 이 관계에 대해서는 세 가지 권리를 탐구할 때 할애한 만큼의 엄밀함을 보이지는 않았다.

　시민적 권리는 국민국가에서 법에 의한 지배가 확립되면서 강화되었다. 마샬은 시민적 권리가 18세기에 등장하였다고 주장하지만, 우리는 새로운 시민적 권리에 대한 요구와 그 반작용(기존의 시민적 권리에 대한 도전)이 오늘날까지도 계속되고 있다는 점을 알고 있고, 마샬 역시 이를 인정하고 있다. 예를 들면 동성결혼법은 비교적 새로운 시민적 권리를 보호하는 법이지만 그 등장과 동시에 여러 차례 도전을 받았고 경우에 따라 그 범위가 제한되기도 했다. 또한 사람들이 시민적 권리를 행사할 능력을 갖추었다고 여겨지는 경계도 불안정하다. 이 경계는 확장되거나 축소될 수도 있다. 재산권이나 표현의 자유를 책임감 있게 수행할 능력이 없다고 여겨졌던 사람들도 지금은 일상적으로 모든 자유민주주의 사회에서 그러한 권리를 주장한다. 예를 들면, 오늘날 우리는 최소한 자유민주주의 사회라면 여성이 재산권, 투표권, 공적 영역에서 표현의 자유를 누리는 것이 당연하다고 생각한다. 하지만 대부분의 자유민주주의 사회에서 여성이 이러한 권리를 얻기 위해서는 수십 년간의 사회 운동이 필요했다. 시민권이 축소되는 경우도 있었는데, 전시에 정부가 반체제 인사나 외국어 출판물을 검열한 사례를 들 수 있다.

우리는 시민적 권리가 발전함에 따라 평등에 대한 포용적 헌신이 근대적 시민권의 핵심 가치로 자리잡게 되고, 이것이 재산권이나 혈통과 같은 구시대의 권력조건들을 대체했다는 점을 발견할 수 있다. 근대 시민권에서 시민적 평등의 개념은 적어도 두 가지 중요한 방식으로 문제를 제기한다. 하나는 시민권의 전제조건으로서의 평등, 다른 하나는 시민적 권리가 강제될 때에만 실현가능한 평등이다. 이 중 후자의 평등은 로크와 같은 사상가들이 인민의 (귀족과 권력자로부터의) 해방과 자치의 추구 행위를 정당화하기 위해 사용했던 천부적 평등에 대한 주장의 한 유형이자 오늘날 자유민주주의 사회에서 보장하는 유형의 시민권 획득 방식이다. 결국 근대성은 몇몇 종류의 평등들이 시민이기만 하면 누구에게나 인정된다고 가정하는 모호한 결론으로 나아간다. 하지만 시민권에 대한 보상으로서 더 높은 형태의 평등이 주어지기도 한다. 근대적 자유 시민이 되기 위한 최소한의 자격을 갖춘 사람들에게 주어지는 보상은 같은 지위를 가진 모든 이들과의 평등을 보호하고 실천하는 법적 지위로서 나타난다. 하지만 시민권과 평등의 관계에 대해 생각하는 방식은 이것만 있는 것이 아니다. 앞서 살펴 본 바와 같이, 고전적 시민은 계층적으로 분리된 지위를 가진 시민이었다. 아테네, 심지어 루소적 의미의 시민들 또한 치자인 동시에 (같은 비중으로) 피치자였기 때문이다. 따라서 고대의 시민권에 있어 평등은 시민권의 선결조건이었으며 시민들은 그들에게 주어진 의무를 수행하며 자동적으로 구성원으로서의 모든 혜택을 누릴 자격을 갖추게 된다. 하지만 그러한 시민권의 보상으로서 더 높은 형태의 평등이 보장되는 일은 없었다.

몇몇 비판자들은 자유주의적 권리들이 개인주의를 강하게 정당화하는 점을 우려한다. 개인주의는 정치 공동체를 루소적인 이상, 즉 공동체 전체가 그 자체로 목적이 되는 것에서 멀어지게 한다. 하지만 시민권을 자유주의적 방식으로 구성하려면, 시민적 권리를 정당화하기 위해 개인주의적인 개념화에 의존할 수밖에 없는데, 그것이 구성원을 동등하게 대하기 위한 유일한 수단이기 때문이다. (이유의 전부는 아니더라도) 정치적 권리들이 개인의 시민적 권리를 보존한 다음에야 가능한 것이기 때문에, 선거권이 천부적인 권리로 간주되는 일은 거의 없을 것이다. 따라서 자유주의적 시민권은 특정한 공동체나 집단의 구성원 자격을 설명하기에는 어색하지만 보편주의적 이상으로 받아들여지는 데에는 강점을 보인다. 윌 킴리카Will Kymlicka(3장에서 다룰 예정)와 같은 사상가들은 개인이 공동체, 전통, 삶의 방식 등에 관여한다는 사실로부터 구성되는 '상황적 자아situated self'에 대한 헤겔적 이해에 근거하여 자유주의적 전통에 반례를 든다. 킴리카는 많은 범주의 자유주의적 권리들이 집단에 결부될 수 있다고 주장한다. 선거권과 피선거권은 개인에게만 주어지는 것으로 생각될 필요가 없다. 비록 '1인 1표'의 원칙이 선거권에서 절대적인 것으로 여겨지고 있으나, 사실 국가 차원에서(국가의 규모를 막론하고) 선거권이란 대표권과 긴밀하게 연관되어 있으며 이는 본질적으로 개인주의적인 개념이 아니다. 자세히 들여다보면, 대표권은 은근하게 집단 지향적인 형태로 시행된다는 점을 알 수 있다.

이는 앞서 언급한 대표의 두 가지 모델, 즉 대리 모델과 신탁 모델의 대비에서도 나타난다. 국민 대표의 '대리'모델에서는, 정치에서 개인이 왜 특별한 단위인지가 쉽게 드러난다. 대리 방식의 대표 선출에서 개인들은 자신의 이해관심에 대한 최고의 전달자이며, 선출된 공직자들은 유권자의 이해관심과 요구를 법과 정책으로 가능한 한 곧이곧대로 변환함으로써 그 책임을 다한다. 우리는 우리의 이해관심을 시민 개개인으로서 대변하는 존재이나 넓은 국토에서 효율성의 문제가 발생하기 때문에 중개자로서 선출된 대표자를 용인한다. 따라서 각 시민들은 오직 한 개의 투표권만을 가져야 한다. 이 표들은 대표자의 선출과 그들이 다해야 하는 책임의 생성이라는 목적을 위해 집계된다. 대표의 두 번째 모델인 신탁 모델은 각자의 개인적 이해관심을 좇는 파편화된 개인들의 권리를 최우선의 정치적 권리로서 요구하지 않는다. 신탁 모델에서 대표자의 책임은 유권자에게 무엇이 좋은지를 이해하고 행하는 것이다. 대리 모델이 이를 개별 유권자라는 관점에서 이해하는 반면, 신탁 모델은 더 장기적, 거시적 관점에서 바라보는 것으로 알려져 있다. 즉 개인적 이해관심뿐만 아니라 그것이 생겨난 공통의 이유를 분석하는 것이다. 또한, 신탁 모델은 대표자들로 하여금 투표를 하지 않은 유권자(여기에는 어린이나 투표할 능력이 없는 것으로 간주되는 지적 장애인, 시민권이 없는 거주자들, 심지어 동물이나 환경, 외국에 거주하는 외국인처럼 스스로를 대변할 수 없는 이들까지도 포함)들의 복지를 고려하고 추구할 것을 보다 직접적으로 요구한다.

이러한 이유들로 인해, 무엇이 대표의 속성인가를 결정하는 것은 현 시점의 특정한 시민권 유형과 직결된다는 점에서 꽤나 복잡한 문제이다. 대표를 단순히 보편적 선거권의 연장선상으로 고정하는 것은 다양한 집단에서 정치적 시민권이 확장되거나 거부되는 경우를 설명하지 못한다. 정치적 시민권 논쟁은 사람들을 대표한다는 것이 무엇을 의미하는가에 대한 여러 대립하는 해석에 의해 생성된다. 여기에는 비례대표제, 게리맨더링,* 참여의 수준, 선거권 박탈 등 여러 가지가 포함된다.

마샬이 제시한 권리들 중 가장 현대적인 것은 사회적 권리이다. 이 권리는 불평등의 가장 터무니없이 유해한 효과를 완화하기 위한 수단으로서 탄생하였다. 사회적 권리는 보편적 의료복지와 교육, 연금과 사회보장제도, 식량과 주거 보조금, 장애 지원과 실업자 혜택과 같은 모든 종류의 사회복지 프로그램에 걸쳐 영향을 미친다. 이 사회적 권리들은 복지, 또는 복지의 수단에 있어 그 누구도 그 아래로 떨어져서는 안 되는 최소한의 기준이 존재하도록 보증한다. 20세기 사회적 권리의 발전은 우리가 시민권적 권리라고 부르는 권리들의 '모음집'에 대한 모순점을 드러내게 된다. 가장 첨예한 대립은 마샬이 제시한 권리의 모음집이 자유

---

* (옮긴이) 특정 후보나 정당에 유리하도록 선거구를 기형적으로 변형하는 행위

에 대한 요구와 평등에 대한 요구를 맞붙이게 되면서 발생한다. 시민적 권리는 법적인 평등만을 강제하는 수단으로 등장한 것이었다. 이 평등은 주권자 계급의 권력행사에 맞서 봉건적 계급구조의 질서를 제거하는 보호막 역할을 하였다. 이 과정에서, 사적 소유권이 설정되어 자유시장의 등장을 촉진하였다. 그러나 시장에서의 자유는 사람들이 시장에 진입할 때 지녔던 동등함으로서의 평등과 반대 방향으로 작용하였다. 그리고 그러한 영향을 최소화하기 위해 요구되는 대책, 예컨대 공교육 시스템이나 보편적 의료복지에서와 같은 조치가 취해지기 위해서는 조세 수입을 통한 재분배 정책이 필요했다. 계급 격차를 억제하기 위해 국가는 사회적 권리를 창안하였고 시민에게서 조세를 걷어 그러한 권리를 보장하는 프로그램을 마련해야 했다. 본질적으로, 이는 자유민주주의 국가가 침해당하지 않도록 보호한다고 주장하는 바로 그 재산권을, 국가가 시민들에게 보장하는 시민적 권리를 통해 횡령하는 것이다. 한 가지 사례는 국가가 공교육을 위해 전용하는 세금인데, 이 세금은 자유시장 거래에 대한 시민적 권리를 행사하여 자금을 축적한 사람들에게서 걷는 것이다. 따라서 마샬이 제시한 권리 유형들이 서로 갈등을 빚는 상황이 올 때, 각 권리의 중요도를 어느 정도로 책정할지를 판가름하여 균형을 잡는 작업이 요구된다.

　　마샬은 시민적 권리는 모든 시민이 그가 제시하는 모든 권리를 지니기 전까지는 보장되지 않을 것이라 주장했다. 가장 발달한 민주적 시민권은 마샬의 세 종류 권리를 한 데 엮어 전에 없던 평등주의적인 정치적 구성원 요건을 생산해낸다. 이는 마샬이 말하는 시민권 발달사의 궤도가 모든 시민권의 통합으로 끝맺어진다는 것을 의미한다. 이에 따르면 우리는 모든 시민권적 권리를 가지기 전에는 시민이 아니다. 그러나 누군가는 의문을 품을 것이다. 시민권의 모든 권리를 남김없이 가지지 못하는 사람들은 어떻게 되는가? 마샬은 시민권의 불완전한 형태를 어떻게 받아들여야 할지에 대해서는 전혀 설명하지 않는다(이러한 유형의 시민권은 3장에서 더 자세히 다룰 것이다).

다른 이들은 마샬이 무언가를 빠트렸다고 지적한다. 마이클 만Michael Mann과 브라이언 터너Bryan Turner는 마샬의 기본적 권리에 경제적 시민권을 덧붙인다. 특히 터너는 다양한 민주주의 사회의 많은 시민들에게 문화적 권리가 중요하게 부상했으며 마샬이 이를 간과했다고 주장했다.[16] 또한 마샬의 시민적 권리의 정의에는 포함되지 않았지만, 근로의 권리 또한 시민권의 본질적인 요소로서 별도로 간주해야 한다는 주장도 제기되었다.[17] 3장에서 다룰 환경적 권리와 같은 다른 권리의 범주 또한 얼마든지 상상해볼 수 있다.[18]

마샬 이외의 여러 학자들이 시민권의 역사적 변천을 특정한 형태의 민주주의가 공고화되는 현상에 대응시켜 설명하였다. 로버트 달Robert Dahl은 『폴리아키Polyarchy』(다두정)*에서 민주주의가 "선거권의 확대로 인해 축적된 자유의 확장 과정, 그리고 그에 따른 다두정 체제의 안정화와 지속화"[19]가 제도적으로 정착되는 발전과정을 묘사한다. 선거권은

---

* (옮긴이) 인민의 참여를 보장하고 실질적으로 경쟁하는 대표들이 존재하는, 현실적 형태의 민주주의

달이 정의하는 폴리아키나 민주주의에 있어 핵심적 위치를 차지한다.[20] 그는 선거권을 강화하기 위해 존재하는 폴리아키적 시민권과 연관된 다른 권리들도 제시한다. 이 관점에 따르면, 시민적 권리는 절차적인 정치 참여라는 목적을 달성하기 위한 수단으로서 정의된다.[21] 달은 시민적 권리가 경제적 권리로부터 기원한다거나 시민사회에 민중demos으로서 참여하는 개인의 능력으로 정의된다는 사실을 중시하지 않는다.

'개인individual'이라는 개념 자체는 근대의 산물로서, 고전적 이론의 '공공public'과 대비를 이루기 위해 고안되었다고 할 수 있다. 이어지는 절에서 우리는 시민권을 집단이나 덕목에 결부된 것으로 단정하는 사상가들에게 개인주의가 제기하는 불만에 대해 분석한다. 이들에게 있어 권리 기반 이론과 개인주의는 자신들이 구상하는 정치적 삶에 심각한 위협을 가한다.

자유주의 사상가에 대한 대답

현대적 자유주의 시민권 모델은 많은 도전에 직면했는데, 그중 가장 두드러지는 것은 시민 공화주의자라고 불린 사상가들이 제기한 것이다. 하지만 위에서 설명한 바와 같이, 자유주의와 시민 공화주의를 깔끔하게 구분하는 것은 사상의 발달사를 기술하는 정확한 방법이라기에는 무리가 있으며 그저 시민권 개념을 더 명확화하기 위한 임시변통적 도구일 뿐이다. 자유주의 모델에 맞서 시민 공화주의자들이 제기한 주된 비판은 자유주의가 시민 공화주의의 빈약한 버전일 뿐이며 개인과 정치 공동체 간의 더욱 실질적인 연관을 주장하기에 부족하다는 점이었다.

자유주의적 입장과 비교해서, 이러한 비판들은 고전적 시민권을 주장한 선조들의 주장에 입각하여 시민권에 더 많은 필요조건을 요구한다. 그 결과, 이 주장들은 시민권을 이전 절에서 논의한 개인주의로부터 멀어지게 하고 공동체주의, 신공화주의, 심지어 신아리스토텔레스주의 관점으로 방향지우는 이론들을 생성하였다. 이 세 가지 이론적 줄기들은 서로 다른 방향으로 발전하였지만, 공통적으로 소위 '시민권에 대학 조악한 권리중심적 이해'를 거부한다.[22] 아래에서 우리는 이러한 비판들의 조류를 알아볼 것이다. 그러나 이 설명이 현대 자유주의 이론에 대한 시민 공화주의의 대응을 포괄하거나 완전히 다룬 것은 아니다.

한나 아렌트Hannah Arendt는 『인간의 조건The Human Condition』에서 평등한 자격요건을 갖춘 이가 누군지에 대한 고전적 이론의 관심사를 되살린다. 그녀는 여기서 시민권에 대한 20세기적 아이디어들은 때때로 정치주체의 기초적 자기충족 능력을 시민이라는 지위에 의존하게 함으로써 시민권의 질을 격하한다고 주장한다. 아렌트를 주로 인권 이론가로 알고 있는 많은 사람들에게 놀라운 사실은, 『전체주의의 기원The Origins of Totalitarianism』에서 아렌트가 복지국가에 회의적이며, 자신의 복지를 위한 시민적 의사결정력을 발휘하는 데에 있어 국가에 의존하는 인간들의 무능력함을 문제시했다는 사실이다. 아렌트는 특히 근대 거대 관료제 국가에 대해 비판적이었는데, 그러한 국가들의 시민이 욕구를 충족하고 이해관계를 확장하기 위해 국가에 의존하는 고객으로 전락하는 경향이 있었기 때문이다. 그러한 개인주의가 진정한 시민성을 함양할 수 있을지에 대해서도 회의적이었다. 아렌트는 의존적이고 자기중심적인 구성원들의 욕구를 충족하는 데에 급급한 공적 영역의 개념을 부정하는 전근대적 시민권의 이상을 고수한다. 이 지점에서 아렌트는 사회복지를 시민권의 필수 요소로 보았던 마샬과 어긋나게 된다.

마이클 샌델Michael Sandel을 위시한 **공동체주의 이론가들** 또한 자유주의의 보편적 인권 개념에 불만을 가지는데, 자유주의 이론가들이 고안한 이 권리들은 너무나 추상적이어서 '상황적인' 인간 행위의 동기와 연결되기 거의 불가능했기 때문이다. 보편주의에 입각한 권리 중심 접근은 때때로 우리가 속한다고 여기는 공동체 속에 스스로 얼마나 뿌리내리고 있는지의 문제를 외면한다. 공동체주의자들의 주장에 의하면 우리가 이타적으로 행동하거나 하지 않는 진정한 이유는 우리가 공동체 구성원으로서 어떻게 상호작용을 하는가에 전적으로 달려 있으며, 어떤 방식으로 주어진 정의justice의 의미와는 거의 상관이 없다.[23]

리처드 벨라미Richard Bellamy 등 다른 이들은 시민권을 민주주의와 정치 참여에 보다 더 강하게 묶는 이론을 채택한다. 벨라미에게 있어, 시민권의 '근원적 근거'는 '시민적 공평함이라는 조건의 확보'이다.[24] 벨라미는 시민권이 결속과 호혜성reciprocity을 모두 포함하는 것으로 보았다.[25] 이 관점에 따르면, 현대적 시민권의 일차적 목표는 정치 참여를 '재활성화'하는 것이어야 한다.[26] 그 또한 거대한 자유민주주의 사회에서 모든 사람들이 모든 때에 토론과 의사결정 과정에 참여하는 것은 불가능함을 인정한다. 그러나 동시에 그는 특히 지역적 수준에서 정치 참여에 대한 헌신을 재구축할 수 있다고 생각하는데, 특히 시민교육과 중앙에서 지방으로의 권력 이양을 통해 시민 참여를 증진할 수 있다고 믿었다.[27] 같은 맥락에서, 버나드 크릭Bernard Crick은 '진정한 시민권'과 '좋은 시민권'을 구분했다. 전자는 시민 공화주의적 입장으로서 '적극적 시민권'으로 구성되는 것이며, 후자는 자유주의적 입장으로서 무엇보다도 법치를 주장한다.[28] 적극적 시민권은 중앙에서 지방, 지역 정부로의 권력 이양과 '공동의 목표를 위해 자발적으로 함께 행동하는 시민' 개념을 포함한다.[29] 하지만 두 입장의 구분은 결국에는 허구적인 것일 수 있다는 시각도 있다. 예컨대 마이클 왈저Michael Walzer는 "시민권의 소극적 향유 또한 적어도 간헐적으로는 시민의 적극적 정치 참여를 필요로 한다"고 주장한다.[30]

자유주의적 시민권에 가해지는 강력한 비판을 무시할 수는 없지만, 자유민주주의 국가들이 시민권의 필요조건으로 정치적 행위를 핵심에 두는 데에 실패했거나 그렇게 하기를 꺼려왔다는 점 또한 사실이다. 권리는 시민권을 고려할 때 핵심적인 것이지만 책임이나 의무는 그렇지 않다는 것이 그 이유였다. 이 관점에 따르면, 우리는 국가나 타인에 대해 지는 의무를 일상적으로 다하긴 하지만, 그것은 선심이나 의사, 평등주의적 신념, 소중한 상호존중의 원칙 등에 의해서라기보다는 법이나 정책으로 강제되었기 때문인 경우가 많다.

이 두 가지 경우를 생각해보자. 호주의 경우 투표는 권리가 아니라 의무이며 그에 따르지 않을 경우 벌금형에 해당하는 처벌을 받는다. 그 결과, 사람들은 선거에서 투표를 하게 된다. 그렇지 않으면 벌금을 내야 하기 때문이다. 한편 인도 헌법은 "자유를 위한 우리 민족의 투쟁을 불러일으킨 고결한 이상을 소중히 하고 따를 것"을 '기본적 의무'로 규정하고 있다. 하지만 인도에 사는 13억 인구 가운데 예컨대 간디주의Gandhian를 이상으로 받아들이는 사람은 얼마 되지 않는다.[31] 요컨대, 우리가 행하는 (다른 사람이나 제도에 대한 정치적 자기주장과 관련된 의무를 포함한) 가장 기본적인 시민적 의무는 법에 명문화될 뿐만 아니라, 이를 집행할 정당한 권한을 가진 기관들에 의해 강제된다.[32] 이러한 의무가 법에 명문화되지 않은 경우, 그러한 의무를 행하기란 어려울 것이다.

물론 시민 공화주의적 이론이 강력한 감정적 호소력을 가지고 있는 점도 무시되어서는 안 되며, 두 이론 간의 생산적이고 변증법적이기까지 한 긴장은 시민권 이론에 여러 흥미로운 발전을 가져왔다. 그러한 발전의 사례로는 시민권에 대한 최근의 반反인간중심주의를 들 수 있는데, 이는 인간이 아닌 존재의 권리를 강조하며 이 권리를 인간이 인간 아닌 타자에 대해 지는 의무와 결합한다. 다음 장에서 우리는 여기서 다루었던 두 가지 시민권 전통에 제기되는 몇몇 반문들을 세부적으로 논의할 것이다.

03

시민권 이론의 변화
Citizenship Theory Transformed

… 03

시민권 이론의 변화
Citizenship Theory Transformed

서론
Introduction

 이 장에서 우리는 앞서 다루었던 시민권의 주류 이론을 반론하고 변형하는 것들에 대해 알아본다. 이 모델들은 시민의 범주가 보편적이고 단일한 실체라는 점을 자명하게 받아들인다. 누군가가 시민이면서 동시에 시민이 아닐 수는 없다는 것이다. 하지만 이전 장들에서 짚어본 바와 같이, 시민권은 '본질적으로 논쟁적인 개념'이다. 이어서 논의하겠지만, 실제로 시민권은 연속적으로 변화하는 속성이지 단일한 범주가 아니다. 시민을 보편적인 실체로서 생각하는 것 또한 불가능하다. 따라서 이전 장들에서 알아본 이론적 논쟁들은 시민권 이론을 모두 포괄하지도 않으며, 시민권이 개념화되는 방식에서 명확한 경계선을 제시하지도 않는다. 대신 각 모델은 시민권과 관련된 법을 구성하고, 시민권에 관한 규범을 설정하는 데 일정한 정당화 기제를 제공하는 역할을 한다.

1989년 인간 가치에 관한 태너Tanner 강의*에서 "미국의 시민권: 포함되기 위한 여정American Citizenship: The Quest for Inclusion"이라는 강의를 한 주디스 슈클라Judith Shklar는 "정치학에 있어 시민권만큼 핵심적인 개념, 시민권의 역사만큼 가변적인 것, 시민권 이론만큼 논쟁적인 것은 없다"고 주장했다.[1] 이 발언은 일종의 예언이 되었는데, 시민권 개념에 대해 그녀 자신이 제시한 두 가지 규정조차 최근 여러 학자들에 의해 반박당하고 있기 때문이다. 첫 번째로 그녀는 시민권을 '지위'로 보는 생각을 거부했다.[2] 슈클라는 지위 대신 입장standing이라는 관점을 선호하는데, 그녀에 따르면 '지위'라는 단어가 '비난투의 경멸적 어휘'이기 때문이다.[3] 하지만 슈클라와 달리 많은 이론가들은 시민권이 언제나 계층화를 유발하며 포함과 배제를 동시에 함축한다는 점을 지적한다. 이렇게 생성되는 계층 중 일부는 (다음 절에서 설명할) 행정적 합리성의 도구가 되지만, 어떤 계층화는 정체성에 따른 차별의 근거가 될 수도 있다. 이에 대해서는 나중에 더 자세히 다루도록 한다.

슈클라의 주장 중 두 번째로 반박의 대상이 된 것은 시민권이 항상 이미 국민국가와 결부되어 있다는 주장이다. 슈클라는 "국적으로서 시민권은, 출생하였든 귀화하였든 간에 그 국가의 대내적, 대외적 구성원임을 법적으로 인정받았다는 것을 뜻한다"고 주장했다. 그러나 이 장의

---

* (옮긴이) 케임브리지 대학에서 1978년 설립된 인문학 분야의 대학 강의 시리즈

마지막 절에서 논의되겠지만, 시민권과 국민국가의 관계에 관한 현대적인 용례는 새롭게 개념화되었다. 이는 국제관계의 시스템이 진화하면서 생겨난 권리와 의무들 중 일부가 시민권과 관련은 있으나 개인이 특정한 국민국가와 가지는 연결고리만으로는 규정되지 않는 것들이기 때문이다.

이 장에서 우리는 시민권 개념에 대해 가해지는 반론과 변화에 대한 몇 가지 논의를 전개할 것이다. 우선 현존하는 시민권 모델에 대해 역사적, 실증적 관점에서 제기하는 의문점들을 살펴본다. 그 직후에 이론적 논의를 다룰 것이다. 다음으로는 시민권의 주류 이론을 변화시키는 비국가중심non-state-centric 접근에 대해 기술한다. 마지막 절에서는 시민권에 대한 탈인류중심적non-anthropocentric 접근으로부터 파생되는 일련의 주장들을 소개한다.

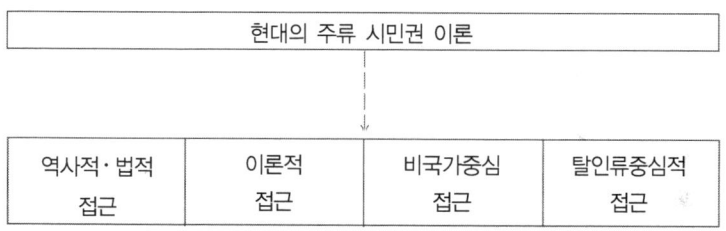

그림 3.1. 시민권의 현대 이론에 대한 반론들

정치적·법적 사상의 역사
History of political and legal thought

많은 학자들이 시민권 이론을 역사적, 법적 경험의 렌즈를 통해 분석하였다. 그중 가장 주류 이론으로 로저스 스미스Rogers Smith의 『시민적 이상Civic Ideals』을 들 수 있다. 이 책에서 스미스는 어떻게 미국의 시민권 규범이 "미국 역사 대부분에 걸쳐 인종적, 민족적 소수자와 여성의 정치적 지위"와 긴밀한 관계를 맺었는지를 보여준다.[4] 그 결과, 미국의 정치문화는 늘 광범위한 시민적 이상을 포용하는 '다중적 전통'이라는 성격을 띠는데, 이 전통들에는 시민 공화주의는 물론 '자유주의적 합의' 접근법, 그리고 인종, 젠더, 민족적 기원에 따라 배타적 규범을 강화하는 '귀속적 계층화' 전통도 포함된다.[5] 이 후자의 전통은 미국의 자유적 평등주의 규범과 항상 공존해왔다. 스미스가 밝히기로 미국 역사의 80%에 해당하는 기간 동안 세계 인구의 3분의 2는 미국 시민이 될 자격을 갖추지 못하였다. 아프리카계 미국인들은 1868년에 수정 헌법 14조가 승인되기 전까지 생득적 시민권으로서의 권리를 가질 수 없었다. 그 후에도, 미국의 짐 크로우Jim Crow 시기*의 법들은 학교, 공공기관, 대중교통에서의 인종 분리를 공식적으로 승인하였고 그 외에 혼혈금지법이라는 명목으로 인종 간 혼인에 대한 장소 제공을 금지하기도 하였다. 이렇게 국가가 승인한 차별적 처우가 비로소 막을 내린 계기는 미국 연방 대법원

---

* 1876년부터 1965년 사이 미국의 옛 남부 주에서 짐 크로우 법이라 불린 인종차별법이 시행되던 시기

의 기념비적인 판결과 흑인 민권운동 시기 국회에서 제정된 법령들이었다. 1954년 브라운 대 교육위원회 판결Brown v. Board of Education,* 1964년 민권법Civil Rights Act, 1965년 선거권법Voting Rights Act, 1965년 러빙 대 버지니아 판결Loving v. Virginia** 등이 그 사례이다.

1882년에 제정된 중국인 배척법Chinese Exclusion Act은 미국에서 인종을 기준으로 한 연방 이민 정책의 시작을 알렸다. 이 구분짓기는 1924년 존슨-리드법Johnson-Reed Act이라 불린 이민법까지 확장되었는데, 이 법은 미국의 이민자 법규에 최초로 인종별 할당을 명문화하였으며 북, 서유럽 출신 이민자를 나머지보다 우대하였다.[6] 제2차 세계대전 동안 연방 대법원이 코레마츠 대 미국Korematsu v. United States 판결을 통해 일본계 미국인의 강제 수용을 승인한 것은 이러한 인종 기반 권리 배제 정책의 또 다른 연장선상이었다. 메이 나이Mae Ngai가 주장한 바와 같이, 미국의 이민 정책은 '인종적 지식의 생산자'라는 의혹을 제기하는데, 이민 관련법들이 (인종에 근거한 배제를 포함하는)새로운 인종 범주를 생성하여 특정 형태의 '백인됨'을 보존하려 한 일이 빈번했기 때문이다.[7]

물론 이런 현상이 미국에서만 일어나는 것은 아니다. 역사적으로 유럽 또한 이민 정책과 시민권 정책에 있어 이런 종류의 인종 구분을 시행해왔다. 루벤 안데르손Ruben Andersson의 '은밀한 이민clandestine migration'에 대한 설명에서 나오듯, 현재 유럽의 국경 보안 기관인 프론텍스Frontex

---

* 백인과 유색 인종이 같은 학교를 다닐 수 없게 한 주법을 불법이라고 판결한 사건
** 흑인과 백인 간 결혼을 금지하던 법이 위헌이라고 판결한 사건

가 육지와 바다에서 국경을 보호하는 데 투입되는 예산의 상당 부분을 검은 피부를 지닌 서아프리카와 사하라 사막 이남의 이주자들이 유럽으로 들어오는 것을 막는 데 집중하고 있다.⁸ 또한 이는 21세기 들어 처음 등장한 현상도 아니다. 타라 자흐라Tara Zahra의 연구에 따르면, 19세기 중반부터 20세기 중반까지 5천만 명의 동유럽인들이 박해를 피해 미국으로 이주했다.⁹ 이들은 본국에서 '불순'한 사람들로 낙인찍힌 사람들이었다. 러시아의 경우 270만 명의 유대인과 폴란드인, 독일어 구사자들이 이주하였다.¹⁰ 마찬가지로, 프랑스 국적법의 변화를 세세하게 정리한 패트릭 웨일Patrick Weil은 비시 정부Vichy regime*가 수천의 시민(주로 유대인)들의 국적을 박탈하고 20세기 후반에는 프랑스 정부가 북아프리카 이민자 자녀의 시민권을 거부하려 했던 경우 등을 사례로 들어 프랑스 국적의 발전이 매우 인종 차별적인 방향으로 발전해 왔음을 지적하였다.¹¹ 이 다양한 역사적, 법적 경험의 설명들은 모두 시민권이 단일한 범주라는 개념화를 반박하는 사례들이다. 이 간략한 분석을 통해, 시민권 개념은 시간, 장소, 법적 맥락에 따라 여러 가지 배타적인 것들로 얼룩진 배제의 장임을 알 수 있다.

---

*   (옮긴이) 2차 세계대전에서 나치에 점령당한 후 설립된 프랑스 정부

이론적 접근들
Theoretical approaches

몇몇 학자들은 기존의 시민권 연구가 불안정한 이론적 범주에 얼마나 많이 의존하는지를 지적함으로써 전통적 시민권 개념에 의문을 제기한다. 보편적이고 단일한 시민 범주를 고집하는 전통적 이론과 달리, 여기서는 정체성이 어떻게 시민권의 삶의 경험lived experience과 교차하는지 유념해야 한다.

많은 사람들에게 있어 시민권은 모든 사람의 포용을 도모하는 '내부 지향적' 관점과 경계를 설정하는 '배제와 폐쇄'의 관점 기능 양쪽을 모두 수행해야 하는 것으로 인식된다.[12] 하지만 현실에서 시민권은 둘 중 어떤 기능도 하지 않는 경우가 많다. 점점 더 많은 시민권 학자들이 시민권이 완전히 포용적이든지 배제적이든지, 또는 어느 것도 아닌 애매한 것으로 되는지의 여부와 정도에 대해 비판적 관점을 기르고 있다. 이러한 작업들의 공통점은 시민이나 시민이 아닌 자로 잘라 말하기 애매한 누군가의 상태나 사례에 집중한다는 점이다. 그러한 개인들이 속한 범주의 사례에는 단기이주 노동자, 불법 이민자, 식민지 거주민, 많은 국가 속 종교적, 성적 소수자, 심지어 어린이도 해당된다.

이분되지 않는 시민권에 대해 생각하는 가장 일반적인 방법은 (신분적 시민권이라고도 불리는)[13] 법적인 국적이 '문지기 권리'일 때는 있어도 '주인장 권리'일 리는 없다는 점에서 출발하는 것이다. 문지기 권리란 다른 권리에 대한 접근 가능 여부를 결정하는 권리들로서, 몇몇 권리들(예컨대 사회복지에 대한 권리)은 1차적으로 이 문지기 권리(법적인 국적)에 의해 좌우된다. 주인장 권리는 다른 모든 권리의 원천이 되는 단일한 권리 또는 권리의 범주를 뜻한다. 진정한 주인장 권리를 가진 자유민주주의 국가는 존재하지 않는다. 하지만 '다른 권리를 얻거나 행사하는 데에 필수 조건이 되는 문지기 권리'라는 것은 존재할 수 있다. 또한 문지기 권리가 없다 하더라도, 마샬이 묘사한 것과 같은 시민권의 묶음은 상식적인 관행이라기보다는 이상에 지나지 않는다. 시민권 개념을 깊게 탐구하지 않고 그 개념을 사용하는 자들이 가정하는 시민권 또한 마찬가지이다.

랄프 다렌도르프Ralf Dahrendorf는 20세기 학자들 가운데 최초로 시민권의 해체를 직접적으로 다룬 인물 중 하나였다. 다렌도르프는 몇몇 시민들이 법 앞에서나 일상적 상호작용에서 다른 시민들과 그들 자신이 평등하지 않다는 사실을 깨닫게 되는 방식에 주목했다.[14] 다렌도르프가 주목한 지점은 권리가 불평등하게 분배된다는 사실 자체뿐 아니라, 대의제 정부가 어떤 이들의 목소리는 남들보다 더 큰 비중을 두고, 어떤 형태의 참여를 다른 것보다 더 가치 있게 대우하며, 그 결과 일부 시민은 상대적으로 권력이 약한 시민들보다 훨씬 더 큰 영향력과 더 민감한 정치적 대응을 누리게 된다는 점이었다. 돌이켜보면, 다렌도르프와 같은 20세기 중반의 사회 이론가들은 시장주의 세력이 시민권 행사를 규제한다는 점을 인식할 정도로 선견지명이 있었다. 당시 신자유주의는 아직 학계에서 통용되는 용어가 아니었고, 많은 이들이 존엄한 노동, 기초적 의료복지, 적절한 주거 등 '시민다움'을 위한 선결조건들을 누리지 못하도록 하는 상황이었으며 이를 극복하기 위한 혁신도 거의 일어나지 않았다. 그럼에도 그는 수십 년 후 시민권이 나아갈 방향을 예지하는 선구안을 가지고 있었다.

시민권의 해체에 대해 연구하는 자들에 이어, 토마스 해머Thomas Hammer는 20세기 후반 이민자들이 겪은 극적인 경험에 관심을 둔다. 해머는 유럽에서 장기 이주 노동자와 기타 이민자들의 존재를 통해 자유민주적 시민권의 허구성을 밝혀냈다. 자유주의 철학의 원형과 다수의 민주적 헌법에서 묘사하는 규범들의 포용성과는 대조적으로, (2차대전 이후 수십 년간 프랑스나 독일 같은 국가에 대부분 거주하던) 이주 노동자와 외국인들은 시민권을 얻을 수 없었음은 물론 시민권을 취득하려는 시도 또한 대부분 좌절되었다. 애초에 입국할 당시의 규정에 따르면 그들은 부적격 판정을 받은 자들이었기 때문이다. 독일 등의 나라에서 그들의 자녀는 유럽에서 출생했음에도 시민으로 간주되지 않았는데 생득적으로 주어져야 할 시민권이 혈통주의 법규에 의해 제한되기 때문이었다. 하지만 그들은 여전히 거주 국가의 정부의 통치하에 있었고, 그 나라의 사회적, 시민적 권리 모두를 거부당한 것도 아니었다. 해머는 이 유형의 개인들을 '데니즌denizen'이라고 칭함으로써 그들이 거주 사실로부터 도출되는 권리 모음집의 일부만을 가진다는 점을 강조하였다. 장기 거주자들에게 마땅히 완전한 구성원의 자격이 주어져야 한다고 믿는 사람에게는, (때로는 그들의 자녀까지 포함하는) 이주 노동자들이 데니즌 지위를 가져야만 하는 상황이 불쾌하게 다가올 수도 있다. 하지만 이런 위태로운 입장에 처한 것은 이주 노동자뿐만이 아니다. 해머는 데니즌과의 비교 대상으로서 완전한 시민권을 가지지 못할 뿐만 아니라 거주지에 남아있게 해 줄 서류나 법적 권리조차 가지지 못한 이른바 '마지즌margizen' 개념을 제시한다. 해머에 따르면 중동, 북아프리카, 중앙아메리카 등지에서 발발한 분쟁들이 난민refugees, 비호 신청자asylum seekers, 망명자asylees, 정착지에 적법하게 거주할 근거가 없는 미허가 이주민 등에 대한 정치적 구분선을 규명할 필요성을 수면 위로 떠오르게 하였다. 각 경우들에 있어, 미국에서 진행되고 있는 이주민에 관한 정치적 논의는 유럽의 그것을 모방하며 뒤따르고 있다.

시민권citizenship에 대응되는 개념으로서 데니즌권denizenship과 마지즌권margizenship은 모두 특정인들에게 허용되는 권리 모음집이 가진 경계境界로서의 존재 방식을 의미한다. 하지만 이 두 개념들은 권리의 박탈에 대한 포괄적인 진술보다는 영토와 영토 이동의 관계에 더 깊이 관여되어 있다. 전쟁 이후의 인구 이동과 그 결과가 당시 상황을 극적으로 교란하면서 1980년대와 1990년대의 많은 사회과학자들을 놀라게 했지만, 이제는 자유로운 이주의 권리, 이주한 곳에 정착하거나 다중 국적을 가질 기회에 대한 요구가 삶의 일부분이 되었다. 게다가 지리적 위치에 따라 권리들을 걸러내고 축소시키는 범주들은 분석적으로 명확하지 않은 가치를 지니고 있다. 외국에서 태어난 장기 거주자들의 요구를 인정하지 않는 사회는 더 취약한 사람들의 권리를 희생해서 그들의 권리를 우대하는 다른 구분점을 만들 가능성이 높다. 이것은 우리로 하여금 다렌도르프의 이론을 되돌아보게 하며, 출생과 동시에 타고나는 법적 국적은 시민권의 축소된 형태를 생산하는 가능한 여러 조건 중 하나일 뿐이라는 점을 깨닫게 한다.

학계의 최신 동향으로서 시민권 이론과 이민 관련 연구 간의 경계를 완전히 허무는 시도가 활발하다. 특히 아이리스 매리언 영Iris Marion Young의 연구는 완전한 시민의 권리로부터 배제당하는 경험을 하는 비시민noncitizens들은 해당하는 영토나 정치 체제의 안쪽에서도, 바깥에서도 태어날 수 있다는 점을 확고히 하였다. 『차이의 정치와 정의Justice and the Politics of Difference』에서, 영은 그녀가 '분화된 시민권differentiated citizenship'이라 부르는 것이 우리가 1장에서 주장한 것처럼 '구조적'이며, 자유주의의 고유한 조건이라는 점을 든다. 영은 어떻게 주변화, 무력감, 착취, 문화 제국주의 그리고 폭력이 개인적, 집합적으로 자유주의 국가의 사람들의 권한을 박탈하고 완전한 구성원이라면 당연하게 여겼을 형태의 시민권을 앗아가는 방식으로 억압하는지에 대해 자세히 설명한다.

영과 같은 학자들은 사회적 억압으로부터 오는 권리 박탈의 부당함을 밝히는 데에 몰두한다.[15] 이 비판자들에 따르면 시민의 범주는 일반화된 개인이 아니라 공동체에 편입된 개인들, 그에 따라 타인(특히 지배적 주류집단)과 구분되는 정체성을 지니는 개인들로 구성된다. 로저스 스미스의 표현을 빌리자면, 이러한 '귀속성ascriptions'이 모든 유형의 권리 박탈과 억압을 유발할 수 있으며 서로 다른 사람들이 서로 다른 시민권 형태를 취하는 상황을 만든다. 따라서 시민권의 소재가 어떠한 정체성도 반영되지 않은 일반화된 개인에 깃든다는 가정은 말이 되지 않는다. 결과적으로 이 비판자들은 분화된 시민권 개념을 요구하는데, 이러한 개념들은 이미 기존의 개념과 공존하고 있으며 탈脫분화de-differentiation에 근거한 권리 개념 구상 및 인식 방식과 긴장상태에 있다.[16]

분화 접근법은 정체성의 차이를 중요하게 고려한다. 요컨대 분화를 주장하는 이들은 완전한 민주적 포용을 성취하기 위해 귀속적 정체성과 여타 정체성들에 관심을 기울여야 하며 이러한 정체성들이 그것을 가진 채 살아가는 사람들의 경험에 미치는 영향을 진지하게 받아들여야 한다고 주장한다. 분화를 옹호하는 이들 중에는 정체성 정치, 차이 민주주의자difference democrats, 다문화주의자 등 다양한 이론가들이 있다. 따라서 아이리스 매리언 영은 사회 집단들이 주변화와 배제를 당하게 되고, 이들이야말로 (일반화된, 정체성 없는 자유주의적 개인 대신) 우리의 분석 단위가 되어야 한다고 주장한다.[17] 대다수의 차이 이론가들은 정체성을 나타내는 외견적, 비외견적 증표들이 사람들의 삶의 경험에 영향을 준다고 주장한다. 이러한 증표들은 말이나 피부색, 이목구비나 머리카락과 같은 분명한 외모적 차이 등을 통하여 즉각 알아차릴 수도 있다. 또는 곧바로 알아차릴 수 없는 특징들도 있는데, 종교적 믿음이나 전통적이지 않은 성적 지향, 젠더 정체성 등의 예가 있다. 하지만 개인들이 다름의 '증표'를 가지고 있는지에 상관없이, 이 이론가들은 정체성들이 중요한 역할을 하며 어떤 이들을 주변화하는 기능을 하고 있으므로 민주적 포용이란 개별 집단의 세세한 권리와 해당하는 사람들에 대한 인식을 수반해야 한다고 주장한다.

한편, 탈분화적 관점은 각기 다른 유형의 가정과 원리에 근거한다. 그것은 구체적인 개인에 대한 특이사항들을 제거하고 대신 한 정체政體의 모든 구성원이 동일한 권리와 면제권으로 구성된 모음집을 가졌다고 간주한다.[18] 이것은 개인의 정체성은 누가 정체에 포함되고 누가 그렇지 않은지를 결정하는 데에 있어 중요한 요인이 아니라고 주장하는 일종의 보편주의적 선언이다. 이러한 탈분화 관점의 사례로는 채용이나 대학 입학에 있어 '중립성'이나 '인종 블라인드'를 강조하는 국가의 공식적 정책, 또는 프랑스의 라이시테laïcité* 실험과 같은 엄격한 세속주의 모델을 들 수 있다. 민주적 포용에 대한 이 탈분화 모델에서는, 어떤 구성원도 정체 안의 다른 구성원과 구분되지 않으며 각각은 정확히 남들과 동등한 정도로만 민주주의 체제에 포함된다. 이 주장은 추상적이고 정체성 없는 개인을 분석의 단위로 보며 외모, 신념, 욕구, 계급 지위, 그 외의 차이들이 국가와 법에 있어서는 문제되지 않는다는 보편주의적 가정에 의존하는 관점에 따른다. 뱅자맹 콩스탕Benjamin Constant은 시민권이 중립적이고 추상적인 정치적 정체성을 최우선적으로 내세워 서로 유기적으로 연관되어 있는 사람들의 공유된 역사, 규범, 그들의 공동체에 악영향을 끼칠 수 있음을 경고한다. 인민을 시민으로 변환하는 과정에서, 사회적 소속으로부터 의미를 도출하는 어떠한 관계적 자아보다도 개인이 우선하여 존재한다는 인식을 국가가 강제한다고 콩스탕은 지적한다. 에드먼드 버크Edmund Burke와 마찬가지로, 콩스탕 또한 이것이 사람들의 정치적 삶을 일반론적이고 무의미한 것으로 전락시키며 국가에 너무 많은 권력을 부여함으로써 우리의 애착과 소속감을 침식하게 될 것을 우려하였다.

    일부 규범적 접근법에서는 분화와 탈분화를 혼합하려는 데에 몰두한다. 한 가지 사례는 다문화 시민성에 대한 윌 킴리카Will Kymlicka의 제안

---

*　(옮긴이) 프랑스식 정교분리 사상

이다. 킴리카에 따르면, 대부분의 자유민주주의 사회는 다문화, 다민족적 특징을 가진다. 킴리카는 단일한 자유주의적, 개인주의적 권리와 면제권에 전적으로 의존하는 어떠한 형태의 시민권도 거부한다. 문화 다양성이라는 개념에는 최소 두 가지의 근거이 원칙적으로 내재되어 있는데, 이 근거들이 시민이 '보편적 범주'라고 전제하는 관점의 부적합성을 방증하기 때문이다. 첫 번째 근거는 소수 민족에 대한 것으로, 이들은 어떤 영토 내에서 식민지 권력에 의해 근대적 개념의 국민국가가 성립되기 이전에 존재했던 최초의 거주자를 의미한다. 문화 다양성의 두 번째 주요 근거는 인구 이동에 의해 생겨난, 특정 영토 내에 응집된 민족 집단이다.[19] 킴리카의 관점에 의하면, 정치체제 속 이러한 다양한 공동체들을 민주적으로 포용하는 것에는 모든 개인에게 일반적으로 적용되는 자유주의적 권리 체계뿐만 아니라 다양한 공동체 구성원들에게 배분되는 집단 분화적 권리들도 요구된다. 구체적으로, 킴리카는 이 맥락에서 세 종류의 집단 분화적 권리에 주목한다: 연방화되어 구획된 영토를 설정하는 등의 **자치권**, 이중 언어의 의무화와 그 외의 문화적 권리를 포함하는 **다민족 권리**, 그리고 입법 쿼터 등과 같은 **특별대표권**이다.

한층 더 분화된 시민권 개념은 어떤 자유민주주의 사회에서도 누구든지 접근 가능한 권리에 근거하여 그들의 구성 자격을 범주화할 수 있는 인식틀을 제공한다.[20] 이것은 영과 같은 학자들의 정체성주의를 물리친다고 볼 수 있다. 이 접근법은 모든 자유민주주의 국가의 시민성에 내재된 대립되는 논리들이 충돌하여 어쩔 수 없이 다소간의 배척을 유발하게 되는 양상을 보여준다. 완전하지 않은 이 '준시민권semi-citizenship'은 오늘날 자유민주주의의 조건으로 받아들여지고 있다. 하지만 많은 준시민들이 참정권을 얻기를 바라는 동시에 교묘하게 배척되고 있다는 점에서 이는 문제가 된다. 토마스 자노스키Thomas Janoski는 이 시민이 아닌 구성원들을 '신민'이라고 칭했다. 그의 연구는 정치적인 이론과 사회학적 접근이 가진 강점의 사례를 보여주는데, 그는 체제 유형의 경계를 넘나들며 상이한 시민권 유형을 생성하기 위해 권리와 참여 민주주의를 모두 다루기 때문이다. 그러나 나름의 이유로 인해 국가, 사회, 민중에 완전히 통합되기를 격렬하게 거부하는 개인과 집단도 존재한다. 국가 간 이동이 활발한 집시 등의 사람들은 국가 시민권에 완전히 통합된 자들이 누리는 자유를 제공받지 못함에도 준시민권을 선호할 만한 합당한 이유를 가지고 있다. 단지 많은 취약한 자들이 시민권을 적절한 생활수준을 누리기 위한 유일한 경로로 여긴다고 해서 그것이 전 지구적으로 추구되는 것이라고 여기거나 시민권이 가진 단점을 간과해서는 안 된다.

준시민권 개념이 준시민인 당사자들로부터 환영받든 비난받든 간에, 그것은 시민권이 연속적으로 변하는 범주로서 인식되어야 함을 시사한다. 따라서 시민권의 요소가 개인들에게 주어지거나 행시되는 것은 각기 다른 정도와 다양한 조합을 반영한다는 것을 뜻한다. 사람들은 시민권이 부여하는 권리의 일부는 가질 수 있으나 모두를 손에 넣지는 못하며, 그러한 권리들이 약화되거나 강화된 채 주어질 수도 있다. 대부분의 경우 이민자들은 선거권을 행사할 수 없지만, 많은 곳에서 그들은 정치에 참여하며 광범위한 시민적, 심지어 사회적 권리까지 가진다. 기간제 노동자 또한 비록 장소나 거주 이전의 자유에 대한 권리는 조금 덜하더라도 마찬가지 경우라고 볼 수 있다. 이에 비해, 미국 내에서 감금된 자들은 여권은 가지고 있지만 보호관찰 요건 때문에 자유롭게 이동하지 못한다. 또한 세계 자본이 요동치고 있는 상황에서는, 물질적 영향력을 가진 자들에게 다중적 시민권을 보유하고 불균등한 영향력을 행사할 자원이 주어진다. 처음에는 시민권이 국가 권력이 경계선을 그리는 기본적인 작업처럼 보이겠지만, 시민성의 고유한 경계는 이분법적 모델이 설명하는 것보다 훨씬 더 복잡하다. 영토나 생득권, 지위 중 어떤 것도 이분법적인 시민권을 담보하지 않는다.

역사적으로, 누군가를 배척하는 단계적 시민권의 원천은 무엇보다도 젠더, 섹슈얼리티, 연령, 그리고 정신적 '능력capacity'에 기인한다. 젠더에 근거한 차별과 권리 박탈은 도처에서 목격할 수 있는데, 대부분의 역사에서 여성에게 주어진 것을 '2등 시민권'이라 불러도 좋을 정도이다. 오늘날에는, 많은 학자들이 대부분의 전통적 시민권 개념에 남성 중심적 편견이 만연하다고 지적함에 따라 페미니스트와 퀴어 시민권에 대한 방대한 연구가 이루어지고 있다.[21] 예컨대 시민권에 대한 공화주의 이론은 군복무와 정치참여에서 스스로의 연원을 찾는데, 둘 모두 역사적으로 남성에게 주어진 특혜였다. 자유주의적 시민권 또한 위계질서를 강화한 공적 영역과 사적 영역의 구분에 근거를 둔다. 이것은 주로 남성이 차지하여 주류적 활동의 장이 된 공적 영역과 여성 또는 여성화된 노동력의 장으로서 전자에 종속되어버린 사적 영역의 구분으로 이어진다. 이와 유사하게, 공동체주의적 시민권 개념은 전통적인 가족구조와 성별역할에 의존함으로써 '젠더화된 전제와 기반'을 강화한다.[22]

이와 같은 젠더 기반 차별의 목록은 실제로 끝이 없다. 적어도 19세기 중반까지 커버추어법Coverture*은 흔한 것이었다. 이 상황에서 여성은 부친(결혼한 경우 남편)의 재산으로 간주되었다. 이 여성들을 '취득한' 남성들은 그녀를 대신하여 투표를 할 수 있었고 하게 되었다. 미국과 영국에서 여성은 투표권을 얻기 위해 기나긴 투쟁을 해야 했다. 미국에서 여성은 1920년이 되어서야 투표권을 받아냈고, 영국에서는 1928년이 되기 전까지는 남성과 같은 나이에 투표를 할 수 없었다. 따라서 페미니스트 비판가들은 '육신과 분리된' 보편주의적인 시민권 이론이 사실상 틀렸으며 받아들일 수 없는 것이라고 지적한다.[23] 그들은 자유주의적인 '사회 계약'으로부터 '성적 계약'을 도출하여, 민주적 숙의의 중요한 장인 공적 영역과 그와는 분리된 사적 영역을 구분하는 행위가 본질적으로 가부장적인 것임을 분석한다.

캐롤 페이트먼Carole Pateman이 밝히듯, "사적/공적 영역의 모순은 자연/시민, 그리고 여성/남성의 또 다른 표현이다. 사적이고 여성적 영역(자연적)과 공적이고 남성적(시민적)인 영역은 대립되면서도 서로의 존재로부터 각자의 의미를 찾는다."[24] 이 사적 영역에서 일어나는 활동들, 예컨대 보살핌과 같은 생산적 활동들은 주류 정치 이론에서 보이지 않게 된다. 이 사적 영역이 공적 영역의 자연적 근간을 이룬다는 점이 분명함에도 말이다.[25] 이와 같은 공적, 사적 영역의 구분은 또한 시민권의 아이디어와도 연관되어 있는데, 공적 영역이 더 시민적이며 시민권의 주요

---

* (옮긴이) 결혼한 여성의 법적 자격이 남편의 자격과 병합되는 영국 관습법의 원칙

한 기능인 공적 숙의가 본격적으로 수행되는 곳으로 여겨지기 때문이다. 고대 그리스를 예로 들면, 시민권과 공적 숙의 양쪽에서 여성의 배제는 서로 간 상호구성적인 현상이었다. 따라서 시민권을 그러한 방식으로 개념화하는 것은 부부 사이의 강간, 돌봄과 그 외 가사노동에 대한 보수 지급의 거부, 여성 성 노동자가 겪은 폭력과 폭행 등의 중대한 권리 침해를 은폐함으로써 가부장적 지배질서를 내비친다.[26] 커버추어법 시기에 남편들은 일상적으로 아내의 육체에 대한 무제한적인 권리를 가졌다.[27] 예컨대 영국에서는 20세기의 말미까지 부부 간 강간을 규제하는 법을 도입하지 않았다.[28] 마찬가지로, 북반구 여러 국가에서 성별 간 임금 격차는 지속적으로 국가적 수치심을 유발하는 원인이다. 2018년 미국의 퓨 리서치 그룹Pew Research Group은 이 격차가 다소 줄어들기는 했지만, 여전히 여성은 남성이 버는 1달러에 대해 약 82센트를 버는 데 그쳤다고 보고했다.[29] 영국과 포르투갈 등 서유럽의 많은 국가에서도 유사한 차이가 지속되고 있다.[30]

시민권에 대한 페미니스트 비판가들은 이 만연한 불평등을 거부하며 그럼으로써 추상화된 개인주의 형태를 고수하는 시민권의 폐쇄성을 강력하게 반박한다. 그들은 시민권에 있어 젠더 개념을 포함하여 이러한 권리 배제에 적절하게 대응할 수 있는 설명을 요구한다. 이들은 예를 들면 돌봄을 제공하는 시민보다 경제활동을 하는 시민을 우위에 두지 않는 형태의 시민권을 요구한다. 하지만 페미니스트 비판가들은 동시에 루스 리스터Ruth Lister가 "보편성과 특수성의 긴장 사이에서 살아가는 것"이라고 칭한 딜레마에 직면하기도 한다.[31] 요컨대, 리스터는 시민의 범주에 무언가 보편적인 것이 있다는 것을 자명하게 받아들이면서도 '분화된' 시민권의 이름으로 보편주의를 내려놓아야 하는 어려움에 대해 설명한다.³² 그 결과, 리스터는 두 접근법의 장점을 혼합한 '분화된 보편주의'의 필요성을 제기한다. 결국, 그녀는 공평무사한 보편주의를 거부하고 '모든 이의 동등한 도덕적 가치와 참여, 그리고 포용을 위한 '도덕적 헌신의 보편성"을 수용하라는 아이리스 매리언 영의 요구를 진지하게 받아들일 것을 주장한다.³³

시민권에 대한 페미니스트적 비판들을 보충하기 위해 성적 시민권sexual citizenship, 퀴어 시민권 내지는 친밀적 시민권intimate citizenship 등 다양하게 불리는 비판 이론의 분야가 등장한다. 레티 볼프Leti Volpp는 "시민권이 서구 국민국가와 발맞춰 진화하면서, 그것은 남성성, 이성애 중심성이 가정된 대상과 통합하였다. 여성과 비전형적인 대상들은 완전한 시민권의 후보로 적합하지 않다고 간주되었다"고 지적했다.³⁴ 이에 대한 반발로 일부 학자들은 LGBT+³⁵ 구성원들이 겪는 시민권 권리 박탈을 분석하는 데에 주력하는 비판적 관점을 발전시켰다.

이러한 학문적 사조에는 여러 분야가 있지만, 다이앤 리처드슨Diane Richardson은 그것들이 몇 개의 광범위하면서도 분명히 구분되는 '비판적 논쟁'의 영역으로 범주화될 수 있다고 주장한다.³⁶ 그중 하나는 레즈비언과 게이 시민권, 양성애 시민권, 트랜스젠더 시민권 등의 연구와 같이 성소수자의 권리 배제에 대한 논의의 장이다. 페미니스트의 시민권 비판에서와 마찬가지로, 이 이론들 또한 시민을 보편화된 범주로 보는 시도에 반대한다. 그 대신 이 접근법은 개인의 성적 지향과 (젠더 표현을 포함한) 젠더 정체성에 집중하여 LGBT+ 커뮤니티의 구성원들이 겪고 있는 (정체성에 근거한) 권리 배제에 대해 생각한다. 두 번째 분야는 시민권의 언어로 성별의 정치를 논할 수 있는가를 의문시하는 연구이다. 또 하나의 다른 분야는 시민권으로써 행사되는 권리의 고유한 성질인 소비주의, 민족주의, 국경 만들기, 후기 자본주의 등이 성적 시민권sexual citizenship 과 가지는 관계를 분석한다. 즉 이 분야는 성적 지향과 성소수자라는 주제에 대한 권리의 부여와 박탈을 분석함에 있어 계급의 기능과 동화주의 정치가 가진 역할에 집중하는 것이다. 마지막 네 번째 분야는 시민권에 대한 퀴어 비판이론이다. 이것은 전통적인 시민권 개념을 받드는 '규범적 가정', 즉 이성애 중심 가정과 전통적 젠더 역할이 시민권 경험의 핵심에 있다는 가정에 주목한다.

    시민권의 언어가 성과 젠더의 정치를 다루도록 변화해야 하는가에 대해서는 여러 의견이 있을 수 있다. 그러나 시민이 보편화된 범주로 취급되는 상황에서 시민권을 논할수록 여성, 게이와 레즈비언의 기본적 권리 침해는 점차적으로 더 명백해질 것이다. 다음의 사례들을 보자. 1920년까지 미국 여성들은 시민임에도 투표를 할 수 없었다. 영국에서 남성과 함께 다양한 시민적 권리를 누렸던 여성들 또한 1918년까지는 투표할 수 없었다.[37] 성소수자의 권리 또한 아주 최근까지도 여러 북반구 국가들에서 부정되어 왔다. 미국에서는 2003년까지 동성 간 성행위를 금지하는 소도미법sodomy law이 여러 주에서 시행되었다. 영국에서도 1533년 버거리법Buggery Act, 1828년과 1861년의 사람에 대한 범죄법 Offences Against the Person Act 등 여러 법규가 16세기 중반부터 1967년까지 남성 간 동성애를 금지했다. 페미니스트와 퀴어 시민권 전통의 학자들은 이러한 법의 영향을 받는 이들이 형식적인 시민의 지위를 가지고 있는가라는 단순한 질문에만 집중한다면 이들이 당하는 권리 배제를 포착해낼 수 없을 것이라고 타당하게 지적한다.

젠더와 성의 문제와 마찬가지로, 최근에는 아동과 지적 장애인의 시민권 또한 규범적 논의를 여럿 이끌어냈다. 이 두 범주의 사람들은 일상적으로 준시민권적 경험을 한다. 상황에 따라, 그들은 투표할 권리, 총기를 소유할 권리, 독립적 삶을 영위할 권리 등으로부터 늘 차단당한다.[38] 정신 질환이 있는 사람들을 예로 들면, 국가가 이들의 권리 제한을 시작하기 전에 그것을 정당화할 기준을 높여야 한다는 주장이 많은 사람들로부터 제기되었다. 예컨대 헤더 핀콕Heather Pincock은 특정한 형태로 권리를 제한하는 것이 빈번하게 다른 권리들도 제한한다고 지적한다. 따라서 정신 건강 시설에 수용되는 것과 같은 적법한 강제 입원 조치가 당장 외견적으로는 신체의 자유만을 제한하는 것으로 보이지만, 주디스 페일러Judith Failer가 지적하는 바와 같이 그것은 부모로서의 지위를 유지할 권리, 이혼할 권리, 그 외 중요한 시민적 권리들의 제한까지 수반할 수 있다.[39] 결과적으로 페일러는 국가가 권리 배제에 관한 결정을 내리는 경우 그 기준을 사전에 결정하는 것은 지양해야 한다고 주장하는데, 그로 인해 감수해야 할 대가가 너무 크고 그렇게 배제된 자들은 '기본적 권리를 잃는 입장에 처하기' 때문이다.[40] 핀콕이 말하는 것처럼, "이렇게 권리 박탈이 뭉텅이로 딸려오는 현상의 본질적 문제는 특정 권리 제한을 정당화하는 기준이 그렇게 쉽게 다른 사람의 손에 넘어가지 않는다는 것이다."⁴¹ 이 딜레마의 사례로 투표권을 생각해보자. 강제 입원 조치가 투표권의 박탈을 야기하는 경우, 입원 조치의 정당화 근거가 투표권 박탈에 대한 정당화 근거와는 다를 수도 있다. 그럼에도 국가는 누군가를 강제로 입원시킬 명분을 댈 수는 있어도 누군가의 투표권을 박탈할 명분을 대는 데에는 그다지 힘을 쏟지 않는다.

라이언 켈리Ryan Kelly는 정신 질환자의 투표권을 박탈하는 것이 미국 헌법이 보장하는 평등과 정당한 절차뿐만 아니라 미국 장애 복지법 Americans with Disabilities Act도 위반한다고 말한다.⁴² 켈리는 대부분의 상황에서 몇몇 권리 제한이 필요함을 인정하면서도, 국가가 '낮은 임계점에서의 명확하고 공정한 기준'을 만들어서 '투표의 본질과 영향에 대한 이해가 진정으로 결여되어 있는' 경우에만 개인의 투표권을 박탈할 것을 요구했다.⁴³ 비슷하게, 핀콕은 '기능 가정'적 접근과 지지支持적 의사결정에 의존한다. 기능 가정적 접근이란 특정한 권리 박탈을 정당화할 책임을 국가에게 지우는 것이며, 지지적 의사결정은 역량을 발휘할 수 있도록 당사자들을 지원할 의무를 부분적으로 국가에게 지우는 것이다.⁴⁴ 이러한 규범적 제안을 하고 있기는 하지만, 핀콕은 그와 같은 역량 평가가 때때로 야기할 수 있는 이중적인 곤경에 대해 인식하고 있다. 여기서 스테이시 클리포드 심플리칸Stacey Clifford Simplican은 이 딜레마에 대한 주의 깊은 통찰을 내세워 도움을 준다. 심플리칸에게 있어 이 '역량 계약 capacity contract'은 정치적 구성원의 자격을 특정 수준의 능력에 기반하여 부여하는 자유민주주의를 뒷받침한다.⁴⁵ 하지만 역량의 측정이 꽤나 복잡한 전적을 가지고 있다는 점은 잘 알려진 사실이다. 예컨대 법적인 분

류는 정신 질환자를 사형으로부터 보호한다.⁴⁶

정신 질환자와 유사하게, 아동 또한 빈번하게 투표권 등 모든 유형의 권리로부터 '시민의 능력을 다할 수 없다'는 이유로 거부당한다.⁴⁷ 그 결과, 아동들은 그들 자신을 완전한 시민과 외지인 사이의 준시민권을 가진 존재로 여긴다. 로버트 달Robert Dahl에서 존 롤스John Rawls에 이르기까지, 아동들이 민주주의 법칙의 적용을 받지 않는 예외라는 점은 모호한 구성원 자격에 대한 유의미한 사례로서 학문적 관심의 대상이 되기보다는, 당연하게 받아들여져 별 흥미를 끌지 못하였다.⁴⁸ 비록 달이 아동과 성인을 구분하는 것의 어려움을 제시하기는 했으나, 아동을 지배하기 위한 정당한 조건의 구성요소를 분석하는 데까지 나아가지는 못했다. 예컨대 달은 "정부와 그 법률의 적용을 받는 모든 성인은 민주 사회 demos의 일원이 될 자격을 갖추며 무조건적 권리를 가져야 한다"고 말하며 아동을 배제하고 있다.⁴⁹ 확실히 해두자면, 아동들은 많은 권리로부터 배제되어 있기는 하지만 사회에 대해 광범위하며 고유한 요구를 가지고 있으며 타인에게 특정한 의무를 부과하기도 한다.⁵⁰

아동의 시민권과 관련하여 가장 논쟁적이면서도 가장 주목받지 못하는 측면은 정치적 권리에 관한 것이다. 다양한 학자들이 아동의 투표권 차단을 지지하는 주장을 펼쳐왔다. 아동이 '이해력',⁵¹ '합리성',⁵² '경험',⁵³ 또는 '성숙함'⁵⁴이 결여되어 있기 때문에 투표권을 제한해야 한다는 주장이 있다. 한편, 몇몇 급진적 주장들은 아동들에게 정치적 시민권을 허용하기도 한다.⁵⁵ 예를 들면, 최근 스코틀랜드와 웨일즈에서는 (적어도 몇몇 선거에서) 투표 가능 연령을 18세에서 16세로 낮추려는 시도가 있었다.⁵⁶ 이러한 주장들은 자유지상주의자들에게서 주로 나오는데, 그들은 부모양육과 정치적 측면 모두에서 전통적인 아동 지배관이 미성년자에게 부과하는 권위를 거부한다. 아동 해방주의자들은 그것이 부모이든 국가 차원이든지간에 성인에 의해 이루어지는 아동의 정치적, 시민적 지배를 현대 민주주의 질서 안에 존속하는 수많은 '적법한 지배' 중 하나로 여긴다. 해방주의자들의 주장은 아동기와 연관된 총체적인 권력 구조에 대한 도전이며, 중요하기는 하지만 결점이 없지 않은 이 체제를 통째로 거부한다. 아동을 완전한 시민으로 거듭나게 하기 위해, 자유지상주의자들은 다른 시민에 비해 아동의 예외적인 특징들을 무시하는 경향이 있다. 또한 그들은 아동이 예외적인 정치적 지위가 필요한 경우 또한 무시한다. 이언 샤피로Ian Shapiro가 날카롭게 지적하듯이, 이 '무정부적 자유지상주의'의 지지자들은 "민주주의 내에서 생존하고 잘 자랄 수 있는 아이를 길러내는 대에 일차적인 관심을 두지는 않는다(어쩌면 전혀 신경쓰지 않을 수도 있다)."⁵⁷

더 쉽게 받아들일 수 있는 주장은 아동에 대한 전 지구적, 세계시민적 시민권의 가능성을 고려하여 제기된다.⁵⁸ 세계화는 민족국가를 초월하여 정치 공동체의 구성원 자격에 대한 새로운 가능성을 창조하고 있다. 1989년 유엔 아동권리협약Convention on the Rights of the Child 이후, 몇몇 국제기구들이 국제관계에서 아동을 정치적으로 더 잘 대변하고 아이들에게 정치적 권리를 행사하는 데에 핵심적인 시민적 권리에 더 잘 접근할 수 있게 해주는 실질적이고도 혁신적인 조치들을 취해왔다.⁵⁹ 또한, 톰 코크번Tom Cockburn은 아이들이 시민으로 받아들여져야 하는 이유가 그들이 시민권의 지배적인 개념과 관련된 많은 성질들을 보유, 행사하기 때문이라 밝힌다. 이 성질에는 의무와 책임을 다하는 것(보살피기, 권리 행사하기, 정치에 참여하기 등이 포함된다.[60]

아동의 시민권과 정신 질환자의 시민권은 페미니스트, 퀴어, 그 외 다른 비판적 시민권 이론들과 한 가지 공통점을 가진다. 그 주창자들은 시민권 연구에 있어 규범적 접근법을 채택하여 기존 시민권을 수정하라는 강력한 압박을 가한다. 한편으로, 그들은 시민권의 범주를 보편적인 것으로 이해하는 것의 부적절함을 타파하기 원한다. 다른 한편으로, 그들은 국가로 하여금 시민권의 부여가 차별 금지 원칙을 준수하고 모든 시민들이 법 앞에서 평등하게 대우받을 것을 주장한다. 그러나 시민권에 관한 모든 이론들이 국가를 중심으로 분석하는 것은 아니다. 이제 우리는 이처럼 국가 중심에서 벗어난 접근법에 대해 알아볼 것이다.

비국가중심 접근
Non state centric approaches

많은 이론가들은 역사적으로나 경험적으로나, 시민권적 권리를 부여하는 특권을 국민국가가 독점하지는 않는다고 주장한다. 그중 일부는 국가를 초월한 인권에 대한 규범을 들여와, 국제 인권법에서 정의하는 '인간됨'의 개념에 대해 특별한 주의를 기울임으로써 어떤 국민국가에 거주하든 간에 적용되는 완전한 권리들을 규정한다. 이 관점하의 초국가적 시민권 체제는 국가중심적 접근과 발맞추어 발전되어야 한다. 이러한 형태의 시민권은 개인성과 인간됨으로부터 발현하는 권리와 의무를 진지하게 받아들이며 과거에 비해 국가 주권에 덜 구속되는 형태의 시민권을 지향한다.

따라서 야스민 소이잘Yasemin Soysal은 점차 존재감이 커져가는 초국가적 기구의 맥락 속에서 형성되는 새로운 포함과 배제의 형태에 주의를 기울여야 한다고 주장한다.[61] 소이잘에 의하면, 개인의 권리에 대한 국제적 담론의 중요성이 막대해졌으며 그에 따라 여성, 아동, 게이와 레즈비언, 종교와 인종적 소수자, 그리고 이민자와 같은 주변화된 집단에게 그전까지는 거부되었던 다양한 시민권의 확장과 형식화가 촉발된다. "특히 이민자의 경우, 다양한 구성원 권리의 확장으로 인해 국가 내에서 시민과 외지인에 대한 전통적인 이분법적 구분이 상당히 모호해졌다."[62]

하지만 이러한 모호함에 대해, 주권을 지닌 국민국가들은 웬디 브라운Wendy Brown의 표현에 따르면 국가의 '위태로운 통치권'을 보호하기 위해 질투어린 거부를 표한다.[63] 국민국가들이 상호 동의한 초국가적 규범을 시행하기로 결정한 경우를 제외하고는 탈국가적 시민권을 효과적으로 관철할 수 있는 제도가 존재하지 않음에도 말이다. 하지만 브라운은, '탈국가적'이라는 말이 꼭 국가가 더 이상의 영향력이 없다는 것을 뜻하지는 않는다고 보았는데, 이스라엘과 팔레스타인, 미국과 맥시코 사이에 벽과 울타리가 쳐져 법의 보호를 받는 자들과 그렇지 않은 외국인을 갈라놓고 있다는 점이 이를 뒷받침한다. 따라서 여기서 '탈post-'이라는 접두어는 '벗어나긴 했으나 완전히 끝나지 않은'의 의미를 함축한다.[64] 그러나 국경을 둘러싸고 벌어지는 바로 이 논쟁이야말로 오늘날 이민자 세력과 초국가적 인권 체계가 국가 중심적 시민권 모델의 허위성을 입증하는 근거가 된다.[65] 사스키아 사센Saskia Sassen은 이러한 발상을 이어나가, 세계화 시대가 지난 몇 세기 동안의 '국가화' 추세를 뒤집어 '부분적 비국가화'로 향해갈 것이라 전망한다.[66] 또한 사센은 초국가적 행동주의가 시민권에 대한 국가 중심적 접근법이 해체되는 장임을 지적한다. 그녀는 오늘날 다양한 종류의 '경계를 넘나드는 투쟁'이 인권, 환경, 총기 규제, 여성인권, 노동인권, 소수자 인권 등에 대해 나타나고 있다고 이야기한다.[67] 피터 스피로Peter Spiro를 인용하며, 사센은 오늘날 그 어느 때보다도 많은 사람들이 '이중의 민족성'을 가지고 있다는 점을 상기시킨다.

스피로에 의하면, 역사적으로는 부정적인 시선을 받아왔지만, 이중 시민권은, 특히 미국에서 점점 더 널리 받아들여지는 삶의 일면으로 자리잡고 있다. 그는 이중 시민권 또한 인권으로서 보호받아야 한다고 주장한다. 많은 사람들(모두는 아니지만, 이들 대부분은 귀화한 이민자나 그 후손들이다)은 둘 이상의 국민국가에 대해 정서석 유대감 내지는 충성심을 표면화하기 위한 방법으로서 이중 또는 다중 시민권을 적극적으로 추구하고 있다.

점점 더 많은 이중 또는 다중 시민권 사례가 나타나는 국제적 질서와 더불어, 유럽 통합 프로젝트에 관한 빌렘 마스Willem Maas의 연구는 유럽연합EU의 경우 일반적으로 국민국가와 연결되는 여러 시민권들이 실제로는 다양한 출처로부터 유래한다는 점을 보여준다. 다수준적 시민권의 개념은 개인들이 어떻게 시민권이 부여한 권리를 얻어내는지를 설명하는 데 더 적절할 수 있다. 엘리자베스 코언Elizabeth F. Cohen과 젠 키니Jenn Kinney가 설명한 것처럼, 미국에서 지역, 국가, 연방 법규의 다양성은 비시민들에게 여러 가지 서로 다른 지위를 부여하는 '누더기* 정책patchwork policies'[68]으로 이어지며, 그 결과 일부 비시민권자는 남들보다 더 폭넓은 시민권적 권리들을 누리는 경우도 생긴다.[69]

다수준 시민권의 가장 일반적 형태는 연방 시민권이다.[70] 연방 국가에서는, 하위 주들의 관할권이 지방의 법에 대한 상당한 권위를 가지지만 갈등이 있는 경우 연방 법률에 따르게 된다. 반면 국가연합confederation은 중앙 내지는 연방의 권위가 비교적 약한 국가들을 의미한다. 윌리엄 마스는 진정한 국가연합으로 분류될 만한 국가는 아주 적다고 말한다. 보스니아 헤르체고비나가 거기에 속하는 반면, 반면 캐나다와 벨기에는 탈중앙화의 정도가 부족하며 스위스는 최근 중앙화의 정도를 높이는 중에 있다.[71] 국가에 따라 그 시민권이 가진 권리들은 시민 개개인이 위치한 하위의 사법적 관할권에 따라 달리 나타난다. 예를 들어보자. 2013년에서 2015년 사이 미국에서는 주에 따라 게이와 레즈비언들이 결혼할 권리를 갖는 곳도 있었고 그렇지 않은 곳도 있었다. 마찬가지로, 셰릴 라이트풋Sheryl Lightfoot의 주장에 따르면, 미국과 캐나다 같은 국가들은 '국제적으로 공포된 완전한 수준의 원주민 권리'를 자국의 원주민에게 제공하는 데에는 소극적이지만, 그럼에도 불구하고 토착적 다수준 시민권

---

* (옮긴이) 서로 다른 형태와 색깔의 조각보들을 기워 만든 누더기에 비유함

의 형태는 비교적 성공적으로 인정해왔다고 볼 수 있다.[72] 따라서 미국의 토착민들은 그들의 권한에 대해 독립적으로 주장할 수 있는 '구분된 정치 공동체'로서 받아들여지며, 이는 단순히 '소수자 또는 인종 집단'으로 인식하는 관점과는 대비된다.[73] 아메리카 인디언 전국회의National Congress of American Indians는 이들을 '미국 정부집단의 일부에 속하는 토착 정부'로 규정하는데, 이는 시민권에 비추어보면 흥미로운 혼동을 불러일으킨다.

지역적 법령이 오히려 권리를 빼앗아가는 경우도 있다. 로저스 스미스는 한때에는 이민 세한을 지지하는 이들이 국가 수준의 정책에만 집중하였다고 주장한다.[74] 하지만 2000년대 중반 이후 그들은 '중앙과 지방정부의 동등하고 빈번한 협력'을 표방하며 국가 정책을 변화시켰다. 따라서 이 지역적 법령들은 비인가 이민자로 하여금 구직활동, 사회적 지원과 그 외 물질적 혜택을 누리기 더욱 어려운 정책들을 활성화하였을 것이다. 당시 주 정부와 지방 정부의 '집행을 통한 견제' 수법은 그 국가에 사는 개인이 누릴 수 있었던 권리들로의 접근을 차단하는 효과를 가진다.

반대로, 지역적 시민권에 대한 이론은 때때로 지역 단위의 기관들이 권리를 부여하기도 하며 특히 연방제 정부에서 더욱 그러하다고 밝힌다. 연방제에서는 연방(또는 중앙) 정부가 시민들에게 특정한 권리들을 허용하지만, 이 권리들은 지방, 지역 정부(주, 도, 지방 자치 단체 등)가 주는 추가적 권리의 보조를 받는다. 지방 시민권municipal citizenship은 특정한 도시 또는 지방 정부에 의해 부여되는 일련의 권리들로부터 기인한다.[75]

예를 들어 엘스 더 흐라우Els de Graauw는 어떻게 샌프란시스코와 같은 도시 정부들이 지방 신분증 발행 실험을 진행해왔는지를 보여준다.[76] 비슷하게, 주 정부는 그 거주자들에게 고유한 권리를 부여할 수 있다. 이 권리들은 종종 연방 정부에게 받은 권리에 상응하는 것을 보장하거나 심지어 뛰어넘기도 하는데, 캘리포니아에 대한 카르틱 라마크리슈난Karthick Ramakrishnan과 앨런 콜번Allan Colbern의 논의가 그 사례이다.[77]

동시에, 유럽연합과 기타 지역 독립체의 성장은 사람들이 때로는 '초국가적 시민권'[78] 아래에 공통의 권리를 누릴 수 있다는 점을 극명하게 보여준다. 시민권이 부여하는 권리 중 일부는 국민국가 내에 고유한 경계를 가진 자율적인 지역에 거주하고 있는 하부 조직의 구성원 자격과 결부되어 있다. 그러한 지역의 사례로는 퀘벡, 스코틀랜드, 카탈로니아, 쿠르드 자치구, 그리고 인도령 카슈미르가 있다. 한편 비국가중심적 접근의 또다른 형태는 유사 시민권quasi-citizenship의 개념을 도입한다.[79] 이 형태의 시민권은 형식적인 시민권 지위가 부여되지 않더라도 발생할 수 있는데, 마치 많은 개인들이 그들이 거주하는 나라의 형식적 시민 지위가 없다 하더라도 단지 특정 지역에 존재한다는 이유로 시민권과 관련된 특정한 권리들을 소유하고 행사할 수 있는 경우와 같다. 유사 시민권이 행사되는 형태의 예시로는 데니즌(또는 장기, 영구 거주자)을 들 수 있다. 또는 국민국가가 지금은 다른 나라에 귀화한 자들(과 그의 후손까지도)에게 시민권적 권리를 부여하는 경우도 있다. 이러한 자격은 식민지였던 국가의 구성원에게까지 확장될 수 있다.

마지막으로 소개할 최근의 논의는 세계, 국제, 초국가적 시민권으로 세계시민주의 철학과 밀접한 관련을 지닌다.[80] 이 관점에서, 개인은 그가 시민으로서 속한 국민국가보다 세계 공동체에 더 강하게 스스로를 정체화할 수 있다. 이는 국가적 시민권의 부정이라기보다는, 일부 사람들이 그들의 민족적 정체성을 더 넓은 범주인 '인류애'의 아랫단에 두는 방식이다. 라이너 바우뵈크Rainer Bauböck는 세계화가 초국가적 시민권의 등장을 이끄는 세 종류의 변화 양상을 통해 정치적 구성원 자격의 '분열'을 맞이하고 있다 주장한다.[81] 이 변화는 (a) 자유민주주의의 규범적 원칙과 개별 국민국가의 시민권 배제의 관행 사이의 충돌, (b) EU 시민권과 같은 국가간 시민권의 출현, (c) 전지구적인 인권 담론의 확산 등의 요소들과 관련된다.

이와 유사하게, 칸트적 접근에 따르는 세일라 벤하비브Seyla Benhabib는 보편적 인권과 자기결정권에 대한 이중적 헌신의 내적 재구조화가 필요하다고 주장한다. 따라서 그녀는 난민과 비호 신청자의 진입권을 인정하는 허용적 경계와 민주사회의 규제적 권리의 공존을 요구한다. 벤하비브는 또한 한나 아렌트Hannah Arendt가 '권리를 가질 권리'라 칭한 것의 중요성을 다시금 상기시키며, 어떤 정치제제에 속해있긴 간에 모든 인간에게 있어 법적 개인으로서 인정받고 양도 불가능한 특정 권리들을 지니는 것이 여전히 중요하다고 주장한다(이 주제에 대해서는 난민 개념을 다루는 5장에서 다시 논의할 것이다).

앞서 말한 것처럼, 이 개념들은 모든 인류가 단일 공동체의 성원이며 공유된 도덕관을 가지고 있다는 세계시민주의와 연관되어 있다. 콕 초르 탄Kok-Chor Tan에 따르면, 세계시민주의 시민권에 대한 세 가지 다른 관점이 존재한다.[82] 첫 번째 개념화는 그것이 법적, 정치적 이상이며 세계정부하의 정치적 구성원 자격의 형태라고 본다. 두 번째 관점은 세계시민을 '지구 규모의 민주적 의사결정과 통치구조에 참여할 능력'을 가진 사람으로 바라본다.[83] 그리고 세계시민주의에 대한 세 번째 시각은 이것이 전 세계적으로 참여하는 시민이 채택해야 할 관점이라는 규범적 입장을 취한다. 보니 호니그Bonnie Honig에 의하면 확실히 '민주적 세계시민주의'는 민주주의에 대한 하나의 대안이자, 더 진보적이게는 새로운 민주주의관도 될 수 있다. 그것은 민주주의가 대중의 활동을 제한하거나 허락할 뿐인 제도적 조건에 국한되는 것이 아니라 통치제도를 뛰어넘는 여러 행위들을 자아내기 위한 헌신적 노력임을 진지하게 받아들인다.[84] 이러한 민주적 세계시민주의하에서 '시민권이란 단순히 국가에 의해 제공되거나 차단되는 법적 지위가 아니라 데니즌, 이민자, 거주자와 그들의 연대자들이 국가의 재화, 권력, 권리, 자유, 특권, 정의正義에 대한 정의定義와 분배에 대해 국가에 책임을 묻는 하나의 관행이다.'[85]

지금까지 우리는 시민권 이론이 변화되어 온 양상을 다루어왔다. 그러나 이러한 간섭과 변화들은 오직 인간의 경험에 주목하는 것들이었다. 하지만 몇몇 접근법들은 시민권 이론을 인간이 아닌, 즉 탈인류중심적 관점으로 바라본다. 시민권 변화에 대한 이 최종적 유형이 다음 절에서 다루어질 것이다.

탈인류중심적 접근
Non-anthropocentric approaches

      지난 몇 세기 동안, 몇몇 학자들은 전통적으로 정치적 구성원의 자격이 없다고 여겨져 온 주체들, 즉 인간이 아닌 것들에게까지 시민권을 확장시키고자 했다. 예컨대 환경이나 생태적 시민권을 옹호하는 사람들은 공적, 사적 영역의 시민권적 의무를 진지하게 받아들이고 환경과의 관계에 대한 급진적 전환을 시도하도록 요구한다. 이 관점하에서, 생태 발자국을 줄여나가는 것은 시민의 일차적 의무이며 지속 가능한 개발에 대한 규범적 헌신은 더 넓은 민주적 시민권 개념에 있어 필수적인 요소이다.[86] 따라서 환경적 시민권의 구성요소들은 환경이나 환경적 덕목, 환경을 도구로 보는 관점에 대한 저항, '녹색' 생활양식에 대한 헌신 등을 의무화하기 위해 제시되었다.[87]

      이 관점은 국민국가에 관심을 전혀 두지 않는다는 점에서 비국가중심 접근법과 상당한 유사성을 보이지만, 그 이상의 것이다. 영토와 전적으로 무관하게 시민권을 논하는 접근법이기 때문이다. 앤드류 돕슨Andrew Dobson은 세계시민주의 이후의 시민권 아이디어를 발전시키는 데에 관심을 둔다. 이 탈세계시민적 시민권은 원칙적으로 두 가지 지점에서 세계시민적 접근법과 궤를 달리한다. 첫째, 이 접근은 세계시민주의가 꺼려하는 돌봄care과 연민compassion의 개념을 진지하게 받아들인다. 둘째, 세계시민주의와 달리 이 탈세계시민주의 접근법은 공적 영역에서 드러나는 시민적 덕목에만 연관되지 않는다. 그것은 또한 시민권이 행사되는 사적 영역의 덕목에도 관심을 둔다.⁸⁸ 이러한 형태의 시민권의 대표적인 형태로 '지속가능한 소비(유기농, 로컬 푸드를 구매함으로써 환경의 지속가능성을 고려하는 소비 양식)'가 있다.⁸⁹

환경적, 생태적 시민권에 대해 생각함에 있어 작용하는 시민 공화주의의 제약들에 따라, 돕슨은 환경 시민과 생태 시민을 구분하였다. 그에 의하면, **환경적 시민권**environmantal citizenship은 환경 문제에 접근하는 자유주의적 사고를 의미한다. 즉 그것은 환경이 어떤 권리를 가질 수 있을지를 생각해보도록 장려한다. 따라서 이 관점은 자유주의적 시민권 개념이 중시할만한 것들, 예컨대 국민국가중심적 가정, 공적 영역에서의 행위 등에 집중한다. 한편 **생태 시민권**ecological citizenship은 생태공간의 공정한 분배에 입각하여 권리보다는 의무에 더 큰 비중을 둔다.⁹⁰ 따라서 생태 시민권은 '계약되지 않은 의무를 기본 단위로 하여, 공적 영역뿐 아니라 사적 영역에도 존재하고, 시민적 덕목을 결정짓는 의무의 본질이라기보다는 그 근원이 되며, 도덕의 언어로 작동하는, 철저히 비영토적인 개념이다.'⁹¹

이 윤리적 사고는 **도덕 확장주의**, 즉 누가 '도덕적 고려의 대상'이 되는지를 나열하는 과정의 한 형태에 근거한다.⁹² 돕슨은 여기에 대해 어떤 요인 X를 상정한다. 이 X 요인은 누군가, 또는 무언가를 도덕적 고려의 대상으로 만드는 속성이다. 반면 아리스토텔레스는 다른 관점을 취했다. 그는 '인간'이 정치적 동물인 이유는 인간이 이성을 사용하고, 말하고, 따라서 무엇이 옳고 그른지를 논할 수 있기 때문이라고 하였다.⁹³ 한편 제러미 벤담Jeremy Bentham의 접근법은 고통의 문제를 근거로 든다.

벤담은 쾌락과 고통을 겪는 도덕 공동체 개념을 모든 대상으로 확장하려 하였다. 돕슨에게 있어서, 이러한 생각은 도덕적, 윤리적 공동체를 인간 아닌 것들을 포함한 모든 지각 있는 존재로 확장하도록 해주었다.

지난 수십 년간 활발해진 동물권 운동 또한 이 도덕 확장주의의 영향이었다. 동물권을 옹호하는 사람들에게 흔히 제기되는 반박 중 하나는 "동물들은 서로 잡아먹잖아요. 왜 우리는 그들을 먹으면 안 되나요?"라는 것이다.[94] 이 반박에 맞서, 마크 롤랜즈Mark Rowlands는 그가 '가젤과 아이 퍼즐'이라 부르는 문제를 제시한다. 그는 사자가 가젤을 잡아먹으려는 상황과 사자가 아이를 죽이려는 상황, 이 두 가상의 상황을 생각해 보라고 한다. 그리고 상대방에게 아이를 구해야 할 도덕적 이유가 있는지 묻는다. 그리고 만약 그 이유가 있다면 그 이유가 왜 가젤에게는 적용되지 않는지를 묻는다.[95]

동물의 권리를 주장한 다른 학자로 피터 싱어Peter Singer, 톰 레건Tom Regan, 수 도널드슨Sue Donaldson, 그리고 윌 킴리카를 들 수 있다. 피터 싱어는 벤담의 공리주의를 차용하였다. 그에게 있어 어떤 행위의 정당성은 그것이 최대 다수의 최대 행복을 증진하는가에 달려있다.[96] 그는 "어떤 존재가 고통 받고 있다면, 그 고통을 고려하지 않도록 할 도덕적으로 정당한 이유는 있을 수 없다"[97]고 주장한다. 한편 톰 레건은 공리주의적 접근을 하지는 않았지만, 도덕 공동체의 범위를 의식, 자율성(여기서는 이해관심과 선호를 의미함), 신념, 기억 등을 가지고 있는 것들로 확장하려 했다. 레건에게 있어, 그런 특성들이 인간뿐만 아니라 일부 인간이 아닌 것들에게도 존재한다는 점을 부정하려는 것은 일종의 인간 우월주의일 뿐이다. 이러한 확장주의는 공리주의의 척도에는 못 미치겠지만, 도덕 공동체의 영역을 확장하는 시도로 볼 수 있다.

수 도널드슨과 윌 킴리카는 동물권을 보호하기 위한 권리 중심 접근법이 인권이라는 신조 아래 있는 도덕적 평등 개념의 확장이라고 말한다.[98] 인권은 비록 예외가 없는 것은 아니나 기본적으로 불가침한 것이다.[99] 하지만 그들이 『주폴리스: 동물 권리를 위한 정치 이론_Zoopolis: A Political Theory of Animal Rights_』에서 쓴 것처럼, 동물들의 보편적, 소극적 권리에만 집중하는 것은 잘못된 것이다. 대신 그들은 우리로 하여금 권리 중심 접근법으로부터 떼어놓고 생각해서는 안 될 '적극적, 관계적 의무'에 대해서 생각해보도록 한다.

따라서 그들은 동물권을 시민권 이론을 통해 확장하는 데에 관심을 가진다. 정치 이론에서 시민권은 세 가지 원칙적인 고려사항들을 가진다. 국적에 대한 권리, 국민 주권, 그리고 민주적인 정치 주체성이다.[100] 이 중 세 번째 차원을 고려하면, 동물은 숙의적 형태의 추론을 할 수 없기 때문에 동물 시민권은 인정되기 어려워 보인다. 하지만 정치 주체성은 시민권의 필요조건도, 충분조건도 아니라는 점을 알아야 한다. 만약 그렇지 않다면, 모든 아이들과 심각한 정신 장애를 앓는 이들까지 시민 범주에서 솎아내야 할 것이기 때문이다.[101] 따라서 정치적 주체로 활동할 수 있는 능력은 어떤 유의미한 방식으로도, 그것을 갖추지 못한 모든 이들을 배제하는 기준으로서 기능하지 못한다. 도널드슨과 킴리카에게 있어, 인간과 동물의 관계는 여러 복잡한 형태를 취하며 상호간의 취약함과 의존성에 기반하여 형성된다. 심지어 인간이 '보호구역' 팻말을 달아

혼자 남겨지게 된 야생 동물조차도 인간 행동으로부터 완전히 차단되지는 못한다.[102] 왜냐하면 인간의 행위가 다른 종들의 지속성을 여러 가지 다양한 방식으로 바꾸어놓기 때문이다. 인간은 예컨대 이 동물들이 사는 서식지를 파괴할 수도 있다. 마찬가지로 동물도 인간과 동물 간 상호작용을 조절하는 과정에서 주체성을 보일 수 있다. 예컨대 동물들은 어떤 이유로 인해 인간을 피하지 않고 인간의 거주지를 찾아 나서게 될 수도 있다.

적극적 권리의 부여에 근거한 동물 시민권에 대한 관계적 접근법은 전통적인 보편적, 소극적 권리 접근법에 비해 더 선호할 만한 것이다. 시민권 이론이 동물권에 가장 크게 기여한 바는 집단 분화적 권리를 통찰했다는 점이다. 인간과 마찬가지로, 동물들 또한 다양한 집단으로 구분될 수 있고 인류와 상호작용하는 정도에 따라 각기 다르게 편성된 권리들을 누릴 수 있다. 길들여진 동물들은 공동 시민(동료 시민)으로,[103] 야생 동물들은 고유한 주권 공동체에 사는 이들로,[104] 길들여지지 않았으나 '우리와 섞여 살고 있는' 경계선상의 동물들은 데니즌의 형태로 이해할 수 있다.[105]

이 장에서는 어떻게 근대성이 시민권의 실제를 변화시켰으며 어떻게 근대와 탈근대 정치사상이 시민권 이론의 전환을 가져왔는지를 설명하였다. 이는 어떻게 고대의 가치들이 오늘날 표현될 수 있는지에 대한 논쟁과 집단 구성원에 대한 고대의 사고를 초월하여 완전히 새로운 방식으로 거듭나게 하려는 시도로써 다루어졌다. 로저스 스미스와 같은 이들은 시민권에 대한 이해를 재해석하고 중심을 다시 잡으려 한 반면,

킴리카와 같은 이들은 구성원의 범주를 넓히려 하였다. 비록 이 학자들이 시민권의 범위에 대해 합의에 도달한 것은 아니었지만, 그들은 계몽주의와 그 결과로 일어난 일들이 경계선과 계층 구조에 대한 정치사상을 얼마나 혼잡하게 하였는지를 알려주었다. 이런 인식들은 우리로 하여금 다음 장에서 논의될 시민권의 일제에 대한 논쟁을 이어나갈 수 있게 할 것이다.

04

현실에서의 시민권
Citizenship in Practice

# 04

현실에서의 시민권

Citizenship in Practice

서론

Introduction

이 장에서는 이론적인 시민권에서 벗어나 자유민주주의하에서 실제로 나타나는 시민권의 모습에 주목한다. 현실 시민권의 몇 가지 차원들, 예컨대 역사적으로 바라본 시민권의 '결정요인'들, 국가가 시민에게 부과한 의무들, 그리고 귀화 정책을 좌우하는 규범들(체류 기간, 현지 시민들과의 유대감, 귀화 요건의 '채점' 기준 등) 등을 다룰 것이다. 다시 말해 이 장은 "어떤 국가의 시민이 될 수 있는 것은 누구인가?"라는 질문에 답한다.

시민권의 요건은 국가마다 다르다. 역사적으로, 시민권의 이 '결정요인'들은 대개 혈통, 출생지, 귀화, 입양, 혼인 등이었다. 때때로 국가는 정책 공포를 통해 이러한 결정요인들을 변경하기도 한다. 혈통에 따른 시민권 부여jus sanguinis 법은 자유민주주의 국가에서 오랜 전통으로 자리 잡고 있었지만, 대부분의 국가는 이를 시민권 부여의 유일한 기준으로 삼는 관행을 폐기하고, 출생지 또는 출생에 따른 시민권jus soli, 귀화, 혼인을 통한 시민권 취득도 허용하게 되었다. 여기서는 이 각각의 '결정요인'들이 구체적으로 어떻게 정당화되는지를 설명하려 한다.

국가는 다양한 강제적 책임과 의무사항들을 혼합하여 시민권 지위에 결부시키기도 한다. 호주, 브라질, 싱가포르, 페루와 같은 일부 국가에서 투표라는 형태의 정치참여는 (몇몇 예외는 있지만) 성인 시민에게는 엄격하게 강제되는 의무사항이다.[1] 그러나 대부분의 자유민주주의 사회에서 투표는 의무가 아니다. 우리는 시민의 이러한 의무들이 어떻게 정당화되는지 또한 논의할 것이다.

또한, 자유민주주의 국가들은 귀화 정책을 구성하는 방식에서도 차이를 보인다. 대부분의 나라는 시민이 되고자 하는 이들에게 시민권 획득을 신청하기 전 영주권자 신분으로 일정 기간 체류할 것을 요구한다. 그러나 그 구체적 기간은 나라마다 다르며, 이 영주 기간 동안 해당 국가의 영토 내에서 '실제로 거주'해야 하는 기간의 요구 조건도 상이하다. 몇몇 국가들은 심지어 이민자들로 하여금 정착 국가에 '투자'하도록 허용한 후 이 투자 여부를 영주권이나 귀화 심사에 반영하기도 한다.

끝으로, 귀화정책에 있어 어떤 국가는 가족적 연고를 선호하는 반면 다른 국가는 기술 습득 이민자를 선호한다. 예컨대 최근 몇십 년간 미국의 귀화 정책은 귀화 지원자가 미국 시민 또는 영주권자와 가족관계가 있는가를 중시하는 경향이 강했다. 반면 캐나다와 호주, 뉴질랜드 등의 나라는 이민자의 기술을 중요하게 고려하며, 각 나라들은 정형화된 '채점' 계산법을 통해 귀화 적격 여부를 산출한다. 이러한 다양한 귀화 전략과 그 주요한 시사점 또한 이 장에서 논의할 것이다.

이 장은 우선 시민권의 적격성 기준과 결정요인에 대한 논의로 시작한다. 그 다음, 국가가 시민에게 요구하는 책임의 문제에 대해 다룰 것이다. 장의 마지막 부분에서는 다수의 이민자를 받는 국가에서 시행되는 귀화 정책의 규범을 분석한다.

시민권의 결정요인
Determinants of citizenship

시민권의 적격성에 대한 질문은 민주주의만큼이나 오래된 문제이다. 이는 오늘날의 사람들(특히 이민자를 다수 수용하는 국가) 못지않게 아테네인들에게도 큰 관심사였다. 고대 그리스는 시민권을 누릴 수 있는 자와 그 권리의 일부만이 허용된 자들을 구분하였다. 그들은 또한 정치 체제 속에서 구성원을 분류하는 다양한 신분을 가지고 있었으며, 각 지위별로 수반되는 권리가 달랐다. 그 예시로는 시민citizen, 외국인metic, 헤일로타이helot,* 그리고 노예를 들 수 있다.

시민권이 부여하는 권리들은 사상의 자유, 공적 숙의, 정치 참여 등과 결부되었다. 하지만 그리스 도시국가에 거주하는 사람 중 소수만이

---

* (옮긴이) 국가 소유의 스파르타 피정복민 계층

모든 권리를 누릴 수 있었다. 여성, 데니즌, 단순 거주자들은 그 권리의 일부만을 누릴 수 있었다. 다시 말해 그들은 일종의 준시민이었다.[2] 가장 잘 알려진 바로, 노예의 경우 권한을 거의 또는 아예 가지지 못했고 자유민이 공적 삶에 참여하여 시민권의 의무를 다하는 수단으로 노예 노동이 광범위하게 용인되었다. 한편 고대 그리스 시민권 개념에서 군복무가 핵심적이었으리라고 보는 관점도 있다. 노예는 군에 들어가 싸울 수 없었으며, 오직 시민들, 때로는 특정 계층의 몇몇 외부인들만이 입대할 수 있었다.

고대 그리스에서 시민이 되는 가장 대표적인 방법은 혈통을 통한 것이었다. '국적법'의 원칙 중 하나인 이것은 **혈통주의**jus sanguinis라고 불렸는데, 라틴어로 '피의 법'이라는 의미이다. 현대 사회에서 혈통주의를 국적법의 원칙으로 채택하는 국가들은 부모 중 한쪽 또는 양쪽이 해당 국가의 국민일 경우, 그 자녀에게 시민권을 부여하고 있다. 시민권의 적격성에 대한 또 다른 대표적인 방법은 **출생지주의**jus soli('땅의 법')로서 태어난 장소에 근거하여 시민권을 부여하는 전통이다. 만약 어떤 국민국가가 출생지주의 시민권을 부여한다면, 그 국가가 주권을 행사하는 영역 내에서 태어난 모든 이들에게 시민의 지위를 주게 된다. 만약 특정한 '사람들'의 무리가 있고, 그들이 거주하는 특정한 영토가 명확하고 조화롭게 설정되어 있으며, 아무도 주권이 행사되는 국경을 넘나들지 않는다면, 혈통주의와 출생지주의의 구분은 무의미할 것이다.[3] 하지만 현실에서는 사람들이 국경을 넘어 이동하기 때문에, 순수한 혈통주의 질서는 배타적인 것으로, 출생지주의는 보다 평등주의적인 것으로 비춰지는 경향이 있으며 이는 특히 서구 자유민주주의 사회에서 더욱 그러하다. 물론 이것이 항상 통용되는 이야기는 아니었다.

 패트릭 웨일Patrick Weil은 19세기 영국과 프랑스에서 출생지주의가 득세한 것을 확인하였다.[4] 당시 출생지주의는 누군가가 탄생한 대지를 통해 인간과 신을 잇는 연결고리를 부여한다는 봉건적 전통에서 기원하였다.[5] 프랑스 혁명 이후 이 전통에 반기를 들며 새로운 민법전이 1804년 채택되었고 영토의 안이든 바깥이든 프랑스인 아버지로부터 태어난 아이에게 프랑스 국적을 수여하였다.[6] 스페인, 러시아, 벨기에 등 여러 다른 나라들이 프랑스의 선례를 따랐다.[7] 한편 영국의 전통은 포르투갈과 덴마크, 그리고 (당연하게도) 식민지인 미국, 캐나다, 아일랜드, 남아프리카, 호주 등에 영향을 주었다.

 로저스 브루베이커Rogers Brubaker는 프랑스와 독일의 시민권 정책에 대한 비교 분석 연구를 수행하며, 출생지주의와 혈통주의 접근법의 서로 다른 함의를 찾아낸다. 브루베이커는 시민권에 대한 프랑스의 이해방식이 19세기 중반 일련의 개혁을 거쳤다고 주장한다. 출생지주의는 1831년에 처음 제기된 것으로,[8] 본래 군복무에서 배제된 외국인들의 분노로 인해 촉발된 것이었다. 1880년대, 논쟁의 와중에 프랑스는 혈통주의 시민권을 우선적으로 채택하고 봉건제의 잔재로서 출생지주의를 폐지하였다.[9] 하지만 1889년에는 다시 출생지주의를 인정하였는데, 이것은 브루베이커가 "국민성에 대한, 명백히 국가중심적이고 동화同化주의적인 이해방식"이라고 표현한 것에 기인하고 있으며, 의무교육의 확대와 모두를 위한 군복무를 내용으로 하는 공화당의 정책적 이해가 반영

된 것이기도 하다.[10]

한편, 독일은 1913년 시민권을 '혈통 공동체'로 정의하였다.[11] 이에 따르면 독일을 떠난 이민자들은 시민의 정의에 부합했지만 독일 출신이 아닌 이민자들은 시민이 아니었다. 곧 혈통주의 법률이 도처에서 시행되었고 19세기 초까지 점차 고착화되었다.[12] 1913년 즈음에는 혈통주의가 너무 깊게 뿌리내려서, 새로운 개혁안이 나왔음에도 출생지주의는 시민권을 결정하는 선택지 중 하나로도 여겨지지 못했다. 출생지주의를 옹호하는 세력이 있기는 했으나 귀화의 권리를 주장하는 수준에 머물렀을 뿐이었고, 미국에서 1868년 이후 존재해 왔던 직접적인 출생지주의 시민권은 독일에서는 여전히 언감생심이었다.[13] 심지어 독일에 거주하는 3세대 이민자에게조차 출생지주의 시민권은 주어지지 못했다.[14] 1998년이 되어서야 독일은 마침내 출생지주의 정책의 일부를 채택하기 시작했다.[15]

21세기, 북반구 국가 대부분은 혈통주의, 출생지주의, 그리고 혼인주의jus matrimonii 정책을 혼합한 방식으로 시민권을 부여하고 있다.[16] 혼인주의 정책은 외국 국적자가 특정한 국민국가 시민과의 혼인 사실에 근거하여 시민권을 취득할 수 있게 한다. 반면 귀화에 관해서는 이민자들이 가진 해당 국가와의 유대관계에 따라 시민권을 허용하는 방침을 종합적으로 고려하며, 그 정책은 국가별로 상이하다. 이 유대관계는 가족에 관한 것일 수도 있으나, 체류 기간과 연관되기도 한다. 또는 앞서 언급한 것처럼 이민자들이 그 나라의 사회에 기여하는 정도를 고려하기도 한다. 이 기여 정도란 경제적인 것(일자리 창출, 투자)일 수도 있고 국가의 인적 자원에 보탬이 될 수 있는, 개인이 가진 특출난 재능일 수도 있다. 고도로 숙련된 인력이나 뛰어난 재능이 있는 이민자들이 종종 이 후자의 범주에 속한다(귀화의 기준에 대해서는 추후에 더 자세히 다룰 것이다).

북반구 국가에 거주하는 시민들의 거의 대부분은 출생지주의나 혈통주의 정책에 따라 시민의 자격을 부여받는다. 이는 언뜻 아무 문제가 없는 것으로 보인다. 하지만 도미니크 리뎃Dominique Leydet의 지적에 따르면 이것은 '직관에 반하는' 결과를 야기할 수 있다.[17]

순수한 혈통주의는 이민자와 그 자녀들을 체계적으로 배제하며, 특히 자녀의 경우 부모가 새로이 자리 잡은 터전에서 태어나고 길러졌음에도 불구하고 시민권 자격에서 배제된다. 한편 출생지주의 체제는 아주 어린 나이에 이주한 아이들의 시민권은 거부하면서 그 땅에서 태어나도록 의도되지 않은 아이들에게 시민권을 부여할 수도 있다.[18]

출생지주의와 혈통주의 정책에 과도하게 의존한 결과 나타나는 다소 불합리해 보이는 배제의 상황 때문에, 몇몇 이들은 정치체제의 구성원과 그것을 다스리는 국가 사이에 더 확연하고 실질적인 연관성을 반영한 시민권 부여 기준이 필요하다고 주장한다. 이에 라이너 바우뵈크 Rainer Bauböck는 시민권 부여에 있어 '당사자 원칙'의 가치를 옹호한다.[19] 이것은 '정치적으로 조직된 어떤 사회의 미래에 대해 당사자성을 지니는 사람만이 그 시민으로 인정받을 도덕적 당위를 가진다'는 아이디어이다.[20] 마찬가지로, 아예렛 샤하르Ayelet Shachar는 현대 자유민주주의하의 시민권이 '공동체 속에서의 실질적인 지위'를 강조하는 '대안적 관점'에 따라 주어져야 함을 주장하고 '연결connection, 일체성union, 또는 관련성linkage으로써 정치적 구성원 요건의 핵심적 의미를 전달'하기 위해 진정한 관계의 원칙jus nexi[21]을 제안하였다.[22]

　　이 관점들은 우리로 하여금 대안적인 기준에 대한 요청이 함의하는 바를 생각하게 하고 개인과 그 개인이 속하고 싶어하거나 시민으로 편입되기를 원하는 사회와의 실질적인 관계에 대해 진지하게 고민하도록 압박한다. 특히나 이 책에서 시민이란 일정한 권한과 권리를 행사하는 지위로 격상되어 다루어지고 있음에도 여전히 여러 의무obligation와 책임responsibilities이 수반되는 존재이기 때문에 그러한 고민은 더욱 필요하다. 시민에게 의무와 책임을 부과하는 국가의 경우 국가와 시민 사이의 실질적인 관계가 특히나 중요한데, 그러한 연결고리가 없다면 시민권을 획득하거나 시민적 의무를 따를 동기나 유인이 매우 적을 것이기 때문이다. 이제 우리는 시민권이 담고 있는 의무와 책임에 대해 간단히 알아보려 한다.

의무와 책임

Duties and obligations

　　이 책에서 전반적으로 다루어지는 시민권은 권리뿐 아니라 특권, 의무, 소임duties이나 책임과도 관련된 것이다. 권리와 특권이 시민들의 권한 향유나 권리 요청을 대변한다면, 다른 세 가지(의무, 책임, 소임)은 국가로부터 얻은 특권과 권리의 대가 또는 그와 조화하여 행동하도록 기대되는 양식을 대변한다. 소임과 책임은 대개 시민을 위한 지침으로서 기능하는 도덕적 책무의 형태를 띠는 반면, 의무는 헌법이나 법률에 명시된 형태의 법적 책임이다. 이를 준수하지 않을 경우 기소나 처벌의 대상이 된다.

위배에 대한 제재나 처벌이 따르지 않는 도덕적 소임의 예시를 알아보자. 1949년 제정된 인도 헌법은 1976년 이른바 시민의 기본 의무라고 알려진 도덕적 의무를 추가하도록 개정되었다. 오늘날 이 '기본 의무'는 예컨대 '자유를 위해 투쟁한 우리 민족을 일깨워준 고결한 이상을 소중히 하고 따를 의무'처럼 추상적이고 모호한 것에서부터 '6세에서 14세 사이 아동이나 피후견인이 교육의 기회를 제공받을 수 있도록 보살피고 보호할 의무'와 같이 구체적인 것까지를 포함한다.[23]

시민, 거주자, 기간제 노동자 등 주어진 정치체제 내에 주소지를 둔 모든 사람에게 주어지는 의무가 있는 반면, 오직 시민에게만 속하는 책임과 의무도 있다. 허나 단순한 책임과 법적 의무를 명확히 구분하는 것은 그리 간단하지 않다. 예를 들어 귀화 절차를 통해 시민이 되기를 원하는 이들을 관리하는 미국 이민국United States Citizenship and Immigration Services은 미국 시민에게 주어지는 권리와 책임을 열거하고 있다.[24] 그 권리에는 자신을 표현할 수 있는 자유, 원하는 신을 섬길 자유, 배심원단의 신속하고 공정한 재판을 받을 자유, 선거에서 투표할 자유,[25] 미국 시민권을 요구하는 연방 공무원에 지원할 자유, 공직 선거에 출마할 자유, 그리고

'삶, 자유와 행복'을 추구할 자유와 같은 것들이다. 반면 책임은 헌법을 지지하고 수호할 것, 자신의 공동체에 영향을 주는 사안들에 대한 정보를 꾸준히 얻을 것, 민주적 절차에 참여할 것, 연방과 주, 지방 법률을 존중하고 준수할 것, 타인의 권리, 신념, 의견을 존중할 것, 지역 공동체에 참여할 것, 연방, 주, 지방 정부에 납부할 소득세 및 기타 세금을 성실하게 납부할 것, 요청이 있을 경우 배심원단에 참여할 것, 부름이 있을 때 국가를 수호할 것 등을 포함한다.

 이 두 종류의 목록은 국가가 직접 작성한 공식적 표현에서조차 미국 시민권에 대한 '권리'와 '책임'이 혼재하여 규정되고 있다는 결점을 조명한다. 시민의 책임을 열거한 이 목록에서 즉각적으로 드러나지는 않지만, 이 중 몇몇 책임들은 동시에 법적 의무이기도 하다는 점을 파악할 수 있다. 책임이자 의무인 것의 사례 중 하나는 '지방 정부에 납부할 소득세 및 기타 세금을 성실하게 납부'하라는 명령이다. 이를 어길 경우 형사 기소의 대상이 될 수 있다. 이는 위반한다고 처벌받지는 않는 의무, 예컨대 지역 공동체에 참여할 의무 등과는 다르다. 게다가 납세의 의무는 시민권 취득의 결과로서 부과되는 것도 아니다. 사실 그것은 미국에 거주한다는 것만으로 부과되는 의무이다. 세금 납부는 유학생, 기간제 이주 노동자, 일부 관광객, 영주권자를 포함한 모든 사람들이 지게 되는 의무이며, 심지어 불법 입국자들조차 최소한 연방 소득세는 납부한다는 근거까지 있다.

 권리에 대해서도 사정은 비슷하다. 투표권과 같은 몇몇 권리는 분명 시민이 가진 독자적인 권리이다. 하지만 그 누구도 저 목록에 있는 권리들이 시민들만의 특권이라고 진지하게 생각하지 않는다. 예를 들어 미국에서 신앙의 자유는 1차 수정 헌법에 세속주의를 명문화함으로써 모든 거주자들에게 보장되는 것이다. 이와 관련된 두 개의 수정 헌법 조항은 다음과 같다. 첫째는 국교 금지 조항Establishment Clause으로, 연방 정부는 어떠한 국교도 지정해서는 안 된다. 두 번째는 자유 행사 조항Free Exercise Clause으로 신앙의 자유 행사를 제한하지 못하게 막고 있다. 명문상이든 현실적으로든, 두 조항의 효력이 미국 시민들에게만 국한되어있는 것은 아니다. 따라서 이 권리는 미국의 주권이 미치는 국경 내에 거주하는 모든 이들에게 속한다. 또한 미국 수정 헌법 제14조는 정당한 절차와 동등한 보호를 시민만이 아닌 모든 '사람'에게 보장하고 있다.

앞서 논의한 내용은, 시민권을 바탕으로 사람이 지는 특정 의무를 분리하는 것이나, 시민이라는 지위로부터 도출되는 권리의 정확한 범위를 구분하는 것이 쉽지 않다는 점을 의미한다. 하지만 이것이 시민권을 유일한 근거로 삼는 의무가 없다는 뜻은 아니다. 예컨대 미국에서는 배심원으로 활동할 의무가 그런 의무에 속한다. 시민이 아닌 사람은 배심원이 될 수 없기 때문이다. 이 장의 남은 부분은 오직 시민권으로부터 도출되는 명확한 사례들에 집중할 것이다. 여기에는 개인소득세의 납부, 군복무, 투표, 배심원 활동이 포함된다. 이것을 설명하는 의도는, 그러한 의무를 시민에게 부과하는 것에 대해 국가가 주장하는 정당근거의 사례를 설명하고 동일한 의무라 할지라도 국가별로 그것을 개념화하고 부과하는 방식이 어떻게 다른지를 보여주기 위함이다. 이 의무들의 구체적인 사례를 알아보자.

개인소득세

모든 국가가 그런 것은 아니지만, 몇몇 국가는 그 거주자와 시민들에게 (개인소득, 법인, 판매 등에 대한) 세금을 부과한다. 개인소득세는 자유민주주의 국가의 주요 소득원이며 사회적 권리뿐 아니라 마샬이 주장한 권리 기반 시민권에도 필수적인 여러 가지 정부 정책들을 뒷받침한다. 대안적인 핵심 수입원을 가지고 있는 다른 나라들의 경우 시민에게나 거주자에게나 이러한 종류의 의무를 부과하지 않는다. 쿠웨이트,[26] 카이만 제도,[27] 그리고 바레인[28]은 단순 거주자와 시민 모두에게 개인소득세 부담을 전혀 지우지 않는 나라의 사례이다. 이처럼 유의미한 다른 수입원을 가진 나라들을 지대국가rentier states라고 부른다.[29] 지대국가들은 수입원을 시민에게 의존하지 않으므로 시민에 더 낮은 책임수준을 지닌다는 주장도 있다. 이는 중동과 북아프리카에 모여 있는 여러 지대국가들의 민주주의 발전이 더딜 것이라 전망하는 이유 중 하나이다.

이러한 예외를 제외하면, 세계 대부분의 나라들은 다음 범주에 속하는 일부 또는 전부의 개인들에게 개인소득세를 부과한다: 거주하지 않지만 그 지역에서 발생하는 소득을 벌고 있는 자, 해당 지역에 거주하며 소득활동을 하는 외국인, 해당 지역에 거주하며 소득활동을 하는 내국인, 해외 소득을 벌어들이는 국내 거주 내국인, 해외 소득을 벌어들이는 국내 거주 외국인, 해외 소득을 벌어들이는 국내 비거주 내국인 등이다. 일반적으로 과세의 기준은 개인들의 시민권이 아닌 거주 여부에 따르고 있다.[30] 그러나 미국이나 에리트레아와 같이 시민들이 어디에 살고 있든지 전 세계에서 벌어들이는 수입에 세금을 매기려는 나라도 있다.[31]

미국 그린 카드* 소유자 또한 미국 과세의 대상이며, 이는 그들이 더 이상 미국에 살고 있지 않고 미국 시민으로서의 다른 권리, 예컨대 선거권을 가지고 있지 않음에도 불구하고 적용된다(많은 사람들이 이러한 의무를 과도한 부담으로 여기고 있으며 그 결과 최근 몇 년 동안 미국 시민권을 포기하는 사람들이 기록적으로 증가했다).[32]

배심원 활동

배심원으로 활동하는 것은 일찍이 아테네 도시국가 시대부터 시민의 의무였다.[33] 그것은 시민에게 있어 민주주의에 참여하고 적극적으로 기여할 수 있는 방법으로 널리 알려져 왔다. 이 관점에서, 처벌을 동료들의 판단에 의존하도록 만드는 것은 민주적 시민권의 평등주의적 약속에 필수적이다. 미국,[34] 캐나다,[35] 영국,[36] 호주[37] 외 여러 다른 국가와 사법체계하에서 자격을 갖춘 거주자와 시민들이 요청을 받을 경우 배심원단으로 활동해야 하는 것은 그러한 이유에서이다. 그러나 데니스 헤일Dennis Hale이 보인 바와 같이, 배심원단은 오직 민주적 목적만을 위해 시행되는 제도는 아니다. 사실, 영국에서 그것은 군주가 지역의 신민으로부터 중요한 정보를 뽑아내는 한 방법이었다.[38] 또한 배심원단은 심각한 민주주의의 역설을 보여준다. '오직 현명한 자만이 올바른 판결을 할 수 있지만, 판결에 필요한 지혜는 판결을 해보는 경험을 통해서만 배울 수 있기' 때문이다.[39] 많은 자유지상주의자들은 또한 배심원의 의무를 일종의 '비자

---

* (옮긴이) 영주권 카드

발적 노역'이라 비판한다. 이들은 이 의무를 징병제에 비견하며 시민들을 강제로 배심원에 참여하게 하고 실질적인 선택이나 자율성을 발휘할 기회를 거의 주지 않는다고 공격한다.⁴⁰

배심원 제도를 운영하는 국가의 현실을 보면, 그것은 대개 유의미한 논쟁 없이 형식적으로 이루어지는 경우가 많다. 배심원 재판의 대다수는 미국에서 시행된다. 영국과 앞서 언급한 다른 나라들은 갈수록 배심원 재판을 줄여나가고 있다.⁴¹ 미국과 캐나다에서 이 의무는 시민에게만 부과된다. 반면 호주에서는 배심원의 자격이 없는 자를 연방법으로 규정한 것을 제하면 연방 제도가 배심원 구성에 대한 사항을 주 법률에 위임하고 있다. 결국 시민권에서 발원하는 '법적 결과'는 각 주가 자체적인 법률을 제정하기 때문에 비일관적으로 나타난다.⁴²

이들 중 몇몇 국가는 배심원 의무를 수행하지 못하거나 원하지 않는 자들을 위해 예외사항을 두기도 한다. 또한 국가는 때때로 양심적 거부자들의 의무를 면제해주기도 한다. 미국에서 이러한 거부자들의 사례로는 아미쉬Amish,* 일부 여호와의 증인, 그리고 메노파Mennonites 등이 있다.⁴³ 영국에서는 몇 가지 승인된 이유에 따라 배심원 의무 이행을 연기하거나 면제를 요청할 수 있다.⁴⁴ 또한 그러한 의무를 수행하는 데에 발생한 비용에 대해 보상을 요구할 수도 있다.⁴⁵ 하지만 이를 기피하려 할 경우 1,000파운드의 벌금을 내야 한다.⁴⁶

---

* (옮긴이) 개신교 종파의 독자적 공동체로서 현대문명을 거부하며 독립된 삶을 삶

군복무

많은 나라에서 시민권은 어떤 종류로든 국가에 봉사할 의무를 수반하는 경우가 많은데, 대표적인 것이 군복무이다. 군복무의 이상에 대한 믿음은 고대 그리스(구체적으로는 스파르타의 시민권 관습)에서 연원한다. 데렉 헤더Derek Heather가 관찰한 바에 따르면, 스파르타의 시민권 모델은 평등 원칙, 엄격한 양육과 훈련, 그리고 군복무를 혼합한 것으로서 시민권 개념의 기원으로 추정되는 것이기도 하다.[47] 이 정신에 따라, 오늘날의 몇몇 국가에서도 적어도 남성의 군복무는 여전히 시민적 의무의 핵심 요소로서 규정되고 있다.

튀르키예[48]나 이스라엘[49] 같은 나라는 다른 조건이 일정하다면 모든 신체 건강한 남성(이스라엘의 경우 여성도 포함) 시민은 정해진 기간 동안 군복무를 해야 한다. 미국의 경우, 군 징병제(드래프트)는 1973년까지 유효했다. 오늘날 미국은 완전한 모병제를 채택하고 있지만 동시에 모든 남성들(시민과 비시민, 불법 입국자는 포함되나 여행객, 유학생 등 비이주 비자 소유자는 제외함)을 징병국Selective Service System에 등록하여 비상 사태에 잠재적 징병 자원을 확보할 수 있는 목록을 준비하고 있다.[50]

의무투표제

투표를 통해 자치에 참여할 권리는 시민권을 논함에 있어 절대적인 것으로 인식된다. 이는 실제에서도 대부분의 민주국가에서 지배적인 관점이다. 그런데 이러한 투표 행위를 권리가 아닌 의무로서 인식하는 국가도 있다. 이 관점의 기저에는 모든 이가 투표에 참여하는 민주주의가 인민의 선택을 더 적절히 규명할 것이라는 가정이 있다. 그러므로 투표는 모든 시민(국가에 따라서는 데니즌, 기간제 근로자, 장기거주 영주권자 등 다른 구성원까지도)에게 필수적인 것이 된다.

의무투표를 옹호하는 근거는 다음과 같다. 투표는 시민의 의무라는 점, 정치참여의 효용을 일깨워준다는 점, 유권자의 의사를 더 정확히 반영한다는 점 등이다. 한편, 의무투표제를 반대하는 근거에는 충분한 정보가 없는 이들에게 투표를 강요해서는 안 된다는 점, 투표를 강제하는 것은 민주적이지 않다는 점, 위반한 자를 색출하는 데에 자원이 낭비된다는 점 등이 있다.[51]

현실의 문제를 보면, 호주의 연방 정부 선거에서 투표는 1924년 이래 의무사항이었다.[52] 투표하지 않으면 벌금이 부과된다.[53] 아르헨티나, 싱가포르와 페루도 모든 시민에게 선거에서 투표할 것을 의무화하고 있고 이 법은 매우 엄격하게 집행된다.[54] 그리스, 파나마, 튀르키예와 칠레 등의 국가들은 이러한 법이 명문화되어 있긴 하나 비교적 엄격하게 집행되지는 않는다.[55] 노인 또는 그 외 사유로 투표의 능력이 없는 자(문맹자 포함)는 예외로 두기도 하며,[56] 그 기준은 사법 체계에 따라 다르다.

앞선 절들에서, 우리는 다양한 시민의 의무에 대해 다루었다. 이제는 어떻게 사람들이 시민권을 변경하고, 귀화하며, 제2 또는 제3의 시민권을 얻는지를 알아볼 것이다. 2장에서 소개했던 규범적 형태들에 이제는 간섭이 발생한다. 2장에 소개한 것과 같이, 이번 장에서 열거하는 시민적 의무들은 시민권을 실천하는 좋은 혹은 나쁜 방법이 있으며 시민권은 시민 공화주의적 헌신을 포함해야 한다는 점에 근거하고 있다. 그러나 공화주의가 귀화에 대한 어느 한 부류의 규범과 명백하게 친화적인 반면 자유주의적 접근은 전혀 다른 방식을 취한다는 시각은 성립하지 않는다. 예컨대 이민, 귀화 정책에 있어 가족 간의 재결합이나 노동시장에서의 숙련도에 대한 질문에 대해 두 입장이 내놓는 답변은 크게 다르지 않다. 다음 절에서는 귀화를 둘러싼 다양한 규범들에 대한 관점들을 서로 연결지을 것이며, 그 관계는 대개 순환적 형태를 띤다.

귀화에 대한 규범
Norms regarding naturalization

국가가 귀화정책을 입안하고 시민권 부여를 관할하는 규칙을 제정할 때 사용하는 규범에는 여러 가지가 있다. 어떤 나라는 귀화 가능성을 판별하기 위해 '점수 계산기'를 사용하여 능력 기반 이민 정책을 선호한다. 또 이떤 나라는 해당 국가와 이민 지원자가 가진 가족관계를 강조하기도 한다. 국가들은 이민의 그 외 측면들을 관리하기 위해 다소간의 융통성을 발휘하기도 하는데, '거주 기간'이나 투자, 일자리 창출과 같은 여타의 '기여'를 고려하는 식이다. 이제 귀화정책을 좌우하는 가장 두드러진 규칙들에 대해 알아볼 것이다. 먼저 숙련된 기술을 가진 이민자를 우선시하는 점수 계산기에 대해 논의해 보자.

점수 계산기와 직업 숙련도

이민 신청자는 직업기술이나 그 외의 능력을 통해 수용 국가에 기여할 수 있는 바가 있는 경우 그 나라의 환영을 받을 것이다. 따라서 국가들은 사회 기여도에 대한 기대수준을 충족할 수 있도록 잠재적 이민자들에 대한 점수 평가 척도를 개발하기도 한다. 예를 들어 높은 학력, 직무 경험, 이중 언어 구사 등의 능력을 우대하는 이민 정책을 펼칠 수도 있다. 이와 같은 능력 중심 이민 정책이 가족관계 중심의 정책과 대조를 이룬다는 점에 유의할 필요가 있다. 한편 이러한 정책이 지적, 창조적인 특정한 노동력을 겨냥하여 매우 구체적으로 이루어지기 때문에, 이것이 주로 남반구에 위치한 이민자들의 출신국으로부터 이민 수용 국가로 인적 자원이 흡수되는 원인이 된다는 비판의 목소리도 존재한다.

수용 국가에 기여하는 정도를 이민 정책의 핵심 기준으로 삼는 정책은 또 다른 함의를 지닌다. 그것은 국가와 시민의 구체적 연관성 같은 것들을 강조함으로써 우연적인 출생이나 지리적 위치보다는 진정한 관계의 원칙jus nexi(p. 122 참조)에서 시민권을 고려한다는 것을 시사한다. 다른 한 편으로, 이민자의 기여도 평가는 시민권 차원의 부적합한 상호주의 요소를 반영하는 것으로 이해되기 쉽다. 이것은 기여의 특별한 형태인 투자를 통해 시민권을 취득하려는 경우에는 더욱 논란이 된다(pp. 137-138 참조).

캐나다는 1967년 최초로 점수 기반 이민 체제를 출범시켰다.[57] 캐나다 정부는 이민 정책에 있어 오랫동안 기술의 유입에 우선순위를 두었다. 그에 따라 연방 정부와 지방 정부 수준 모두에서, 캐나다는 이민 지원

자로 하여금 얼마나 많은 기술을 들여올 수 있는지를 선보이게끔 요구하였다. 이민 지원자들은 각 건에 대해 채점되는 조사 서식을 작성해야 했다. 이러한 계산법에는 직무 능력뿐만 아니라 이민자가 입증할 수 있는 캐나다와의 연결고리, 예컨대 캐나다 회사에서의 취업 제안과 같은 것들이 포함될 수 있다.[58] 직무 능력을 구성하는 요인에는 언어능력, 연령, 경력, 교육 수준, 적응 능력, 현지와의 고용협약 여부 등이 있다.[59]

많은 국가들이 캐나다의 선례를 따랐다. 호주,[60] 뉴질랜드,[61] 영국[62]이 캐나다가 1967년 제시한 점수계산체제를 차용하여 이민정책을 개편한 국가들의 사례이다.[63] 아예렛 샤하르가 '인재 쟁탈전'이라 일컫는 이러한 상황 가운데 뉴질랜드는 최근 몇 년간 가장 공격적으로 국제적 인재를 끌어모으는 국가이다.[64] 이미 대부분의 이민 수용국에서는 숙련 노동자 중에서도 이민 제의를 받을 정도로 뛰어난 자들을 '특출난 능력'(미국),[65] '뛰어난 재능'(호주),[66] '이례적인 재능'(영국)[67] 등의 표현으로 명시하고 있다. 독일은 1973년 이후 외국인 노동자의 채용을 금지했는데, 이는 결국 2000년에는 해외 IT 기술자 유치를 위한 패스트트랙 '그린 카드' 정책으로 대체되었다.[68] 스웨덴, 노르웨이, 오스트리아, 프랑스와 네덜란드 또한 유사한 조치를 취했다.[69]

체류 기간

이민 수용국들은 또한 귀화 요건을 갖추기 위해 현지와의 충분한 유대를 형성하였다고 판단할 근거로서 체류 기간(실제 거주한 기간 또는 물리적으로 체류한 기간)에 대한 다양한 기준을 두고 있다. 사회적 기여도에 따른 기준과 마찬가지로 체류 기간 또한 국가와의 연관성을 파악할 수 있는 주요한 지표이다. 뿐만 아니라 그 사람이 얼마나 정치적 식견을 갖추었는지를 타당하게 예측할 수 있는 척도이기도 하다. 따라서, 시민에게만 국한하여 투표권을 허용하는 미국 같은 나라의 경우 영주권을 획득하고 아직 시민권을 얻지 못한 사람들은 정치적 권리를 행사할 능력을 갖추기 위한 발달과 성숙의 단계에 있다고 할 수 있다. 게다가 체류 기간은 예컨대 정착 국가에 대한 충성도나 재사회화 수준과 같은 추상적인 개념들을 구체화할 수 있는 지표가 되기도 한다.[70] 따라서 체류 기간이라는 수치는 정치적, 사회적, 문화적 동화 정도를 반영한다.

물론 시민권 희망자에게 요구되는 체류 기간은 국가별로 다르다. 캐나다는 다음과 같은 조건이 있다. '실거주' 기준에 따르면, 시민권 신청 직전 5년 동안 이민자들은 일정 일수 동안 캐나다에 실제로 거주했음을 증명해야 한다.[71] 미국의 경우, 귀화 신청을 하려면 5년간은 영주권자로서 지위를 유지해야 하며 그 기간의 적어도 50%(또는 30달) 동안 미국에 실제로 거주하여야 한다는 것이 일반적 원칙이다.[72] 호주 또한 '일반 거주' 요건을 통해 영주권자가 귀화 신청을 하기 위해서는 먼저 최소 4년간 유효한 비자를 가지고 호주에 거주해야 한다는 점을 규정한다. 이 신청을 위해서는 12개월 이상 영주권자 지위를 유지하고 있어야 한다. 또한 4년의 거주기간 중 12개월 이상 호주 밖에 있어서는 안 되고, 거주기간 개시 전 12개월 내에 90일 이상 호주를 떠나 있어서도 안 된다.

이 점을 생각해보자. 귀화를 위한 의무적인 대기 기간은 적어도 표면상으로는 모든 이민자로 하여금 그들이 정착 사회에 얼마나 동화되었는지를 호소할 수 있는 꽤나 평등한 과제로 보인다. 그러나 앞선 논의에서 분명히 해야 할 점은, 동화나 적응과 같은 추상적인 것을 입증하라는 요구를 단지 경과한 시간의 길이만으로 정당화하기는 몹시 어렵다는 것이다. 앞선 국가들을 예로 들자면, 4년을 거주한 호주의 이민자들보다 5년을 채운 미국의 이민자들이 귀화 시점에서 해당 국가에 더 잘 동화되었다고 할 수 있겠는가?

가족 재결합과 그 외의 연관성

때때로 국가들은 정착 국가에 이미 연고가 있는 사람을 선호하는 이민 정책을 고안한다. 이 연고란 가족관계, 고용관계 또는 귀화하고자 하는 사회에 연관된 그 외의 연결고리일 수도 있다. 우선은 가족관계에 대해 알아보도록 하자. 가족 재결합을 이민 정책의 우대사항으로 취급하는 것은 논쟁적인 발상이다. 현재 미국에서 제안된 이민 개편안으로 점수제 시스템인 RAISE[Reforming American Immigration for a Strong Economy] 법안이 있다. 하지만 이미 1965년도부터 미국은 이민 정책 구축에 있어서 희망자의 능력, 기술보다 가족, 고용관계를 우대하는 경향을 보여 왔다.[73] 종종 (경멸적으로) '연쇄 이동'[74]이라고도 불리는 이 가족 재결합 정책은 가족들로 하여금 서로 지근거리에 살 수 있는 여건을 제공한다.[75] 따라서 만약 당신의 가족 중 한 명이 미국 시민이라면, 그에 근거하여 미국에 대해 먼저는 영주권, 그 다음에는 시민권을 요청할 적법한 권리를 가지게 된다. 하지만 비판자들은 이것이 일종의 족벌주의[nepotism]이며 미국의 거대한 인구통계학적 변화를 일으키는 원인이 된다고 지적한다.⁷⁶ 가족 재결합 정책이 족벌주의의 일환이 맞는가 하는 문제는 명확한 답을 내기 어렵다. 하지만 한 가지 확실한 것은, 1960년대 중반 미국의 가족 재결합 정책을 정당화한 초기의 주요 명분이, 당시로서는 이 제도가 북유럽과 서유럽 출신의 이민자에게 유리하게 작용하여 자연스럽게 출신 국가 중심 이민 정책 체계를 창출해낼 것이라는 믿음 때문이었다는 점이다. 물론 이러한 기대는 결과적으로 빗나갔다.⁷⁷

가족 재결합 정책은 최근 뉴질랜드에서도 주요한 논쟁거리가 되었다. 뉴질랜드는 가족구성원, 특히 부모에 대한 후원 조건을 더욱 엄격히 강화하였다.⁷⁸ 대표적인 정당인 뉴질랜드 제일당 New Zealand First 은 난민과 이민자의 가족관계가 의심되는 경우 DNA 검사를 포함하는 이민 정책을 제안하였다.⁷⁹ 또한 뉴질랜드는 '최저 소득 기준'⁸⁰을 도입하여 가족 후원 비자의 일부 유형에 대해 가족 재결합을 더 어렵게 하였을 뿐 아니라 2016년에는 일시적으로 가족 후원 중 '부모' 항목을 폐쇄하기도 하였다.⁸¹ 부모 항목에 대한 심의는 이 책이 쓰이는 지금 시점에도 현재진행 중이고 곧 권고사항이 발표될 것이다.⁸² 부모 후원 비자를 중단한 데에 대한 정부의 공식 성명에는, 뉴질랜드 시민의 배우자와 미성년 아동의 지원이 급증하고 있는 지금 '가족 이민 부문을 관리할 수 있는 유일한 방법은 부모 자격의 상한선을 낮추는 것뿐'이라는 내용이 포함되어 있었다.⁸³

가족 구성원과 숙련된 기술자 중 누구를 더 우대해야 할지에 대한 논쟁은 다양한 방면으로 나타나지만, 보다 근본적인 질문은 결국 이민자들이 그들을 받아들여준 국가에 어떤 기여를 할 수 있는가의 문제일 것이다. 기여 정도가 이민 정책의 중요한 요소여야 한다는 점을 명백히 한 채, 다음 절에서는 보다 구체적으로 정착 국가에 대한 금전적 기여를 다루기로 한다. 그 다음 절에서, 우리는 기여도보다는 인도적 고려에 근거해 이민을 요청하는 난민과 비호 신청자에 대해 논의함으로써 장을 마무리할 것이다.

투자에 의한 시민권 취득

어떤 국가는 특정한 범주의 이민자들이 정착 국가에 대해 기여한 경제적, 재정적 이득에 근거하여 영주권 또는 시민권의 자격을 부여하기도 한다. '경제적 시민'[84]이라 불리기도 하는 이들은 투자 또는 일자리 창출의 형태로 국가에 기여한다. 이는 고액순자산보유자high-net-worth individual, HNWI 또는 초고액순자산보유자ultra-high-net-worth individual, UHNWI 들이 정착 국가에 대한 기여를 통해 자신과 국가 간 특정한 형태의 연고를 형성한다는 점에 근거한다.[85] 따라서 상호성의 표시이자 기여의 보답으로서, 수용국들은 투자자에게 영주권이나 귀화자 지위를 제공한다. 미국, 캐나다와 영국이 각각 그러한 정책을 시행하고 있다.

미국에서는 미국 이민국USCIS의 EB-5 이민 투자자 프로그램[86]을 통해 투자자들이 100만 달러를 투자해야 하며, 특정 투자 유형에 따라 50만 달러로도 가능하다.[87] 또는 이 투자자들은 자격을 갖춘 미국 정규직 근로자 10명의 일자리를 창출하거나 유지해야 한다.[88] 일부 국가들은 경제적 시민에 대해 거주 요건조차 두지 않으며, 유럽연합EU 내의 키프로스[89]와 같은 국가가 이에 해당한다. 이들은 26개국 쉥겐조약 가입 구역의 모든 시민에게 비자 없이 여행할 수 있는 권한을 제공한다. 또 다른 EU 국가인 몰타는 경제적 시민을 위한 개인 투자자 프로그램Individual Investor Programme이라는 이민 정책을 공식적으로 운영한다.[90] 몰타는 한때 거주조건 없이 이들의 이민을 허용했지만 국제적 압박에 따라 12개월의 거주 요건을 설정하였다.[91] 오스트리아에서는 공식적인 정책을 통해 '공화국의 이익에 특기할 만한 기여를 한 자'를 거주요건 없이 시민으로 받아들인다.[92] 미화 1천만 달러의 투자가 그러한 기여에 해당된다는 일부 보고가 있었으나, 오스트리아 당국은 이를 부정하였다.[93] 이러한 투자 유치 시민권을 시행하는 다른 나라로는 앤티가 바부다, 세인트키츠 네비스, 포르투갈, 도미니카 공화국, 그리고 싱가포르가 있다.[94]

많은 이들은 시민권으로 이어지는 영주권이 현금/투자의 대가로서 주어지는 것에 반대한다. 예를 들어 아예렛 샤하르는 이러한 상황이 발생할 경우 '개인과 정치공동체를 연결하는 기초적 유대관계가 느슨해지고', '끈끈한 연결고리'가 '계좌이체 통신'으로 대체될 것을 우려한다.[95] 이는 몰타의 사례에서 EU가 투자자와 그가 취득하려 하는 몰타 시민권 사이에 '실질적인 연관성'[96]을 보여야 한다며 반대 의견을 표했던 이유이기도 하다. 거주 요건을 필요로 하지 않아 실질적 연관성이 부족한 이 상황은 EU 관점에서는 성실한 협력의 원칙을 위배한 것이었다.[97] 이 비판은 재정적 거래에만 국한된 것이 아니다. 시민권 부여가 걸린 모든 형태의 거래 또는 상업적 계산, 이른바 '올림픽 시민권'[98] – 과학, 예술, 스포츠 분야에서 '승자를 가려내는' 과정을 지칭 – 내지는 '여권 장사' 프로그램들은 필연적으로 정치공동체 내에서 개인의 구성원 자격과 시민권 지위가 어느 정도까지 결합되어야 하는가에 대한 규범적, 도덕적 문제를 제기한다.

난민과 임시 보호 신분

투자를 통해 정착 국가에 기여하는 것의 반대쪽 극단에 난민과 비호 신청자의 상황이 위치한다. 이들은 정착 국가에 대한 투자나 기여의 대가보다는 인도적 차원에서 보호를 요청하는 사람들이다. 하지만 난민 유입으로 해당 국가의 사회 구조가 훼손되지 않는 선에서 국가가 허용할 수 있는 난민의 규모는 어느 정도여야 하는가? 이는 꾸준히 제기되는 질문으로 오늘날 북반구의 여러 국가, 그중에서도 주로 이민자 유입이 많은 국가 사이에서 논쟁의 대상이 되고 있다. 관대한 난민 정책을 펴는 나라도 있는 반면 대규모의 난민 유입을 경계하는 나라도 있다. 약 3억 2,400만 명의 인구를 가진 미국[99]은 2016년 85,000명의 난민을 수용하였다.[100] 전 세계의 난민과 갈 곳 잃은 사람들의 수를 고려할 때 이는 그리 많은 수가 아니다. 최근 몇 년간, 미국은 전 세계 난민 인구의 약 0.6%를 받아들였다.[101] 그에 비해, 2016년 캐나다의 총 인구는 3,600만 명 규모임에도 불구하고 46,700명의 난민을 수용했다.[102]

이러한 수치는 미국이 세계 속의 불우한 난민들을 위한 나라라는 통념이 허구라는 것을 보여준다. 트럼프 행정부는 난민과 임시 보호 신분Temporary Protected Status, TPS에 대해 특히나 엄격했다. 그들은 실제로 여러 국가에 대한 임시 보호 조치를 중단할 계획까지 세웠다. 이민 규제 옹호자들은 임시 보호처의 성격상 수용 국가가 피난민들에게 보호처를 제공하게 된 요인이 약화되고 나서는 그들이 계속 그 국가에 살 이유가 없을 것이라고 말한다. 그러나 수용국에 임시 보호처를 마련한 자들이 이후에 그 국가를 영구적인 거처로 삼으려 하는 경우가 많다는 주장도 있다. 많은 이들이 이 새로운 터전에서 주택을 구매하고 일자리를 구하며 아이를 낳고 기르는 방식으로 뿌리를 내린다. 출생지주의 국가의 경우 그 자녀들은 정착 국가의 시민 자격을 갖출 것이다. 이렇게 보면 이 이민자들에게 자신을 보호해준 국가와의 유대를 끊고 고향으로 돌아가라는 명령은 신중하게 고려해서 내려져야 하며 인권, 윤리, 관료적 절차 등 모든 종류의 다른 사항들이 관여하는 복잡한 문제이다. 다음 장에서 피난, 망명, 임시보호에 대한 세부적인 논의가 이어질 것이다.

05

위태로운 시민권
Compromised Citizenship

05

위태로운 시민권

Compromised Citizenship

서론

Introduction

　　　　이 책 전반에 걸쳐 우리는 시민권을 연속적, 단계적인 개념으로서 바라볼 것을 제안했다. 다섯 번째이자 마지막인 이 장에서는 가장 약화된 형태의 시민권소차노 손에 넣기 힘든 이들이 겪는 일들을 들여다볼 것이다. 여기에는 무국적자, 국적 박탈자, 난민, 망명자, 국내 실향민, 그리고 임시 보호를 받는 이들이 포함된다. 피난과 무국적이라는 주제를 논함에 있어, 미디어는 대개 무력충돌로부터 도피하는 이들에 초점을 맞춘다. 하지만 사람들로 하여금 다른 곳으로 피난하도록 몰아넣는 데에는 여러 다른 요인들이 있다. 이 이유에는 종교상 또는 동성애 혐오적 박해, 마약 전쟁, 높은 살인율, 그 외 폭력 사태, 정치적 갈등, 자연재해, 기후변화 관련 긴급사태 등 여러 형태의 위험이 있다.

이 장의 서두에서는 무국적, 피난, 망명뿐 아니라 그와 관련된 다른 개념들, 예컨대 임시 보호 상태, 국내 실향과 같은 몇몇 주요 개념들을 명확히 할 것이다. 그런 다음, '피난' 개념을 둘러싼 이론적 모호성에 집중하고, 무국적, 국적 박탈의 개념 또한 면밀히 분석할 것이다. 마지막으로 국경 개방 체제에 대한 오늘날의 주요한 찬반 입장 소개가 이어진다.

난민 관련 주요 개념

Refuge: major concepts

일부 사람들은 준시민권의 가장 기본적인 형태조차 갖지 못한다. 이 책을 쓰는 현재 세상에는 6,850만 명의 사람들이 강제로 이주당했으며, 그중 2,540만 명은 난민이다. 이들 중 약 절반가량이 18세 이하이며, 나머지 1,000만 명은 무국적자이다.[1] 최근 조사에 따르면 2017년 하루 평균 약 44,400명이 고향을 떠날 수밖에 없는 상황에 처해있다.[2] 시리아(630만), 아프가니스탄(260만), 남수단(240만)은 전 세계 난민 신청자를 가장 많이 배출하는 나라들이다.[3] 이 세 국가에 미얀마와 소말리아를 포함한 5개국에서 세계 난민의 3분의 2가 발생한다.[4] 이들 국가에서 탈출한 이주자의 대부분은 폭력을 피해 온 사람들이다. 튀르키예는 350만 명으로 세계에서 가장 많은 난민을 받고 있는 나라이고, 레바논은 전체 인구의 6분의 1이 난민이다.[5] 개발도상국이 전 세계 난민의 약 85%를 수용하고 있다. 아래 표는 유엔난민기구UNHCR의 공식 웹사이트에서 가져온 자료로 피난의 개념과 관련된 주요 용어와 그 정의를 정리한 것이다.

표 5.1 난민, 망명자, 무국적자와 관련된 용어 정의

용어	정의
난민 Refugee	1951년 난민의 지위에 관한 협약에 따라 규정된 자와 그에 따른 1967년 의정서, 1969년 아프리카 난민들의 특수한 측면들에 관한 협약(OAU 협약)에 규정된 자를 포함하며, 유엔난민기구 법규상에 규정된 자로서 보충적인 형태 또는 일시적인 보호하에 있는 자들이다. 2007년 이후, 난민 인구에는 난민과 같은refugee-like 상황에 처한 사람들도 포함하게 되었다.
비호 신청자 Asylum seeker	국제사회의 보호를 요청한 자로서 난민 지위에 대한 신청 결과가 그 신청 시기와 무관하게 아직 정해지지 않은 자들이다.
국내 실향민 Internally displaced person(IDP)	무력충돌, 일반적 폭력사태, 인권침해 또는 자연재해나 인재를 피하기 위해 고향이나 거주지로부터 강제로 떠나게 된 사람들 또는 집단을 의미하며, 국경을 넘지는 않은 자들이다. 유엔난민기구의 통계상 목적에 따르면 이 집단에는 무력충돌로 인해 해당 부처의 보호 및 구호의 대상이 되는 국내 실향민만이 집계된다. 2007년부터 국내 실향민 인구에는 국내 실향민과 유사한 상황에 놓인 사람들도 포함된다. 세계의 국내 실향민 추산치는 IDMC 홈페이지를 참조하라(www.internal-displacement.org).
귀환민 Returned refugee	난민이었다가 우연 또는 의도적 기회에 의해 그들의 고향으로 돌아왔으나 아직 완전히 통합되지는 않은 자들이다. 이러한 귀환은 일반적으로 안전과 존엄성이 보장된 상황에서만 이루어진다.
귀환 국내 실향민 Returned IDP	유엔난민기구의 보호와 구호활동의 수혜자로서 당해 연도에 고향 또는 거주하던 곳으로 귀환한 자들이다.
무국적자 Stateless person	국제법상 어떤 국가에 의하여도 그의 법률의 시행상 국민으로 간주되지 않는 자들이라 정의된다. 달리 말하면, 그들은 어떤 국가의 국적도 가지지 못한다. 유엔난민기구 통계는 이 국제적 정의에 따라 무국적자로 분류된 사람들을 포함하며, 그들은 기관의 무국적자 보호 권한하에 속한다. 그러나 일부 국가의 자료에는 미확인 국적자도 포함되어있을 수 있다.
그 외 관심대상 Others of concern	위의 어떤 집단에도 직접적으로 속하지는 않지만 인도주의적, 또는 기타 특별한 이유에 따라 유엔난민기구가 보호 또는 구호 서비스를 제공하는 자들이다.

출처: 유엔난민기구(https://www.unhcr.org)

난민 보호를 관리하는 국가 간 주요 행위주체로는 유엔 난민 고등판무관 사무소 UNHCR가 있으며, 유엔난민기구라고도 불린다. 유엔난민기구가 사용하는 난민 개념은 광범위하게 정의 내려진 것이기는 하나 논란의 여지가 아주 없는 것은 아니다. 유엔의 1951년 난민의 지위에 관한 협약Convention Relating to the Status of Refugees이 가장 권위 있는 출처라는 것이 통설이다. 이 협약은 '난민'이라는 용어와 난민에게 주어진 법적 보호, 난민 수용에 서명한 국가들에게 부과되는 의무를 규정하고 있다. 또한 여기에는 전쟁 범죄자 등 난민으로서 부적합한 이들을 별도로 규정하고 있으며, 난민 중 일부가 수용국에 대해 지니는 의무를 나열하고 있다. 처음에 이 협약은 주로 1951년 이전의 사태에 의해 추방당한 유럽 난민에게 적용되었다. 그러나 이 조약은 1967년 의정서를 통해 개정되어 1951년 이후 사건과 비유럽인들까지 그 적용범위가 확장되었다.[6] 이 조약은 세계 인권 선언Universal Declaration of Human Rights 14조에 근거를 두고 있는데, "타국에서의 박해로 인해 망명을 신청한 사람들의 권리를 인정"하는 조항이다.[7] 이는 무엇보다도 다음과 같은 점을 난민의 속성으로 정의한다.

> 인종, 종교, 민족, 국적, 특정한 사회집단에의 소속이나 정치적 견해를 이유로 박해를 받을 것이라는 충분히 근거 있는 두려움 때문에 자신의 출신국을 떠나 있으며, 이러한 두려움으로 인해 해당 국가의 보호를 받을 수 없거나 받으려 하지 않는 자. 또는 그러한 사건들로 인해 국적을 가지지 못하고 이전 거주국 바깥에 존재한 채 돌아갈 수 없거나 두려움 때문에 돌아올 수 없는 자.[8]

또한 이 조약의 33조는 사람들이 박해 폭력이나 다른 형태의 피해를 당하게 될 국가로 그들을 돌려보내는 것을 제한하는 강제 송환 금지의 원칙을 명시하고 있다.[9] 비록 이 협약 자체는 충분히 근거 있는 두려움이 그들의 '인종, 종교, 국적, 특정한 사회집단에의 소속이나 정치적 견해'에 근거하고 있는 자들을 보호하고 있긴 하지만, 개별 국가들에게 있어 이 원칙은 전쟁 피난, 자연재해와 같은 경우를 포함하는 것으로 해석된다. 유독 제외되어 있는 것은 자신과 가족에게 적절한 삶의 수준을 제공할 기회가 부족하다고 느껴 국가를 떠나는 소위 '경제적 이민자'에 대한 보호이다.

비호 신청자asylum seeker는 재정착에 대한 보장이 없음에도 안전한 곳을 찾아 고향 국가를 떠나온 이들이다. 2017년 세계의 비호 신청자는 310만 명이었다.[10] 망명자asylee는 정식으로 보호 요청을 할 수 있었으며 그 요청이 받아들여진 자들이다.[11] 비호 신청자는 대개 무허가로 입국한 다음 소위 '적극적 청구affirmative claim', 즉 판사에게 그들의 요구사항에 대해 심사해 줄 것을 요청하는 자발적인 청구를 행한다. 반면 '방어적 청구defensive claim'는 무허가 거주자들이 추방을 막기 위해 제기하는 청구를 의미한다. 보통 비호 신청이 받아들여지게 되면 망명자들은 영주권까지 이어서 얻게 되고 결국 귀화의 권리까지 얻어낼 수 있다.

난민 이외에, 고향으로부터 도망쳐 나왔지만 국경을 넘지는 않은 많은 이들이 세상에 존재한다. 그 결과 그들에게는 국제법상 난민의 자격을 갖춘 이에게 주어지는 보호조치가 허용되지 않는데, 적어도 법적으로는 그들은 고향 땅의 정부의 보호하에 있기 때문이다.[12] 결국, 이 국내 실향민internally displaces persons, IDP들은 난민보다 더 취약한 위치에 있으며 특히 그들 자신의 정부로부터 박해받는 경우에는 더욱 그러하다.

때때로, 난민들은 수용국으로부터 일시적인 보호조치를 받을 수 있다. 예를 들면 미국은 안전하게 고향으로 돌아갈 수 없다고 사료되는 몇몇 국가 국적의 개인들에게 임시 보호를 허용하는데, 대개 자연재해 등의 사유로 해당 국가의 기반시설이 회복될 것이라는 기대가 있는 경우이다. 임시 보호는 단기적인 혜택 내지는 특권으로서 어떤 다른 형태의 이민자 지위를 보장하는 법적인 영주권을 가진 권리로까지 이어지지는 않는다.[13] 비록 임시 보호 조치가 국제사회에서 널리 채택된 규범에 포함된 요소이기는 하나, 이 위태로운 상태에서 보내는 기간 동안 심각한 인권 문제가 발생하기도 한다. 이들은 종종 단기적으로 연장되는 임시 보호 상태에 계속 머무르게 되며, 이 연장은 수 년, 심지어 수십 년간 지속되기도 한다.

국내 실향민과 마찬가지로 박해나 자연재해를 피해 고향을 떠난 이들 또한 주로 난민 캠프에 거주하게 된다. 이곳은 도망한 난민들이 머지 않아 그들이 떠나온 곳으로 돌아가든지 다른 어떤 곳에 '재정착'할 수 있을 것이라는 예상하에 임시로 마련된 거처이다. 하지만 난민의 '지연' 문제는 빈번하게 발생한다.[14] 앤 스티븐슨Anne Stevenson과 레베카 서튼Rebecca Sutton에 따르면, 이러한 지연 상황은 10년도 넘게 지속될 수 있다. 이는 아이가 성인으로 자라고, 사람들이 결혼하고 자식을 낳으며, 노인의 경우 세상을 떠나기에도 충분한 시간이다.[15] 캠프에 사는 난민에게 이동의 자유가 없거나 거의 주어지지 않는다면, 이 거처가 일종의 감옥으로서 기능하게 되리라는 생각도 무리는 아니다. 스티븐슨과 서튼은 난민 캠프에 대한 전통적인 개념에 깔려 있는 또 하나의 심각한 문제점을 지적한다. 그것은 "선택적 근대성이자, (문자 그대로나, 비유적으로나) '위로부터의' 계획에 따른 위계적 관점에 의거하여 구성되어 있다."[16] 캠프에 새로 도착한 이들에게는 구획된 땅이 배정되는데, 이 땅은 당사자의 의사와 상관없이 항상 '가족'을 기본 단위로 하여 관리된다. 또한 이러한 공간은 상명하달적 구조가 일상적으로 지배하는 곳으로, "공동체 구성원들이 주어진 환경에 대해 시민성을 발휘하여 의사 결정할 기회를 제공하는 참여적인" 환경을 만들겠다는 캠프 관리 지침이나 현장 매뉴얼과는 거의 다른 세상처럼 흘러간다.[17]

캠프에 임시 수용된 난민들은 일상적인 노동력으로서 경제활동에 정식으로 참여할 권리 또한 서서히 박탈당한다. 난민이 우리가 말하는 경제적 이민자는 아니지만, 이들 중 상당수가 노동력에서 배제된 채 상당한 시간을 보내는 것도 중요하게 고려할 사항이며 특히 위와 같은 지연 상황에서 더욱 그러하다. 간혹 '공동체 내 소규모 가판대'와 같이 비공식적인 서비스와 시설이 캠프 내에 등장하기는 하지만,[18] 수많은 난민들이 그저 재정착하기만을 바라며 멍하니 시간을 보내며 기다리는 상황에서 만족할 만한 대안이 될 수는 없을 것이다.

이 캠프들은 주로 유엔이나 인권 관련 비정부 기구NGO가 운영한다. 이들은 서로를 보조하기도 하나 때로 경쟁하는 모습을 보이기도 한다.[19] 비공식적이거나 자체적으로 설립된 캠프도 있는데, 이곳은 대개 국제 사회나 기금의 지원 없이 운영된다. 이러한 캠프의 사례로는 이른바 '새로운 정글'로 알려진, 2015년 프랑스 칼레^{Calais}에 설립되어 수천 명의 이주자들이 영국 해협을 건너 영국에 정착하려는 희망을 품고 모여든 장소가 있다.[20] 난민에게 있어 이러한 '캠프'가 언제나 열려있긴 하지만, 세계의 난민 대부분이 캠프가 아니라 사설 거처에 거주한다는 유엔난민기구의 보고에 주목할 필요가 있다. 특히 시리아 난민과 도심 지역에 거주하는 난민에게는 더욱 그러하다.[21]

강력한 국제적 인권 규범이 난민의 강제 송환(안전하지 않은 나라로 돌려보내는 것)을 제한하고 있지만, 매년 새로운 고향 땅에 영구적으로 재정착하는 난민의 수는 매우 적다. 재정착은 임시 거처로부터 영구적으로 거주할 수 있는 곳으로 난민을 이주시키고 대개는 최종적으로 시민권을 획득하게 한다.[22] 이 관행은 주로 '특수하거나 긴급한 신변상의 위협'에 직면한 난민을 위해 의도된 것이다.[23] 유엔난민기구에 따르면, 이것은 오늘날 세계가 직면한 난민 위기에 대해서 유일하게 지속가능한 해결책이다.[24] 2016년 제3세계 국가로 재정착한 난민은 전체의 1%도 채 되지 않았다.[25] 미국, 캐나다, 호주, 그리고 북유럽 국가들이 가장 선호되는 재정착 목적지들이다.[26] 2017년 유엔난민기구가 주도한 재정착 프로그램의 주요 수혜자들의 출신 국가는 시리아, 콩고 민주 공화국, 미얀마와 이라크 순으로 많았다.[27] 난민들이 재정착을 위해 떠나간 국가는 튀르키예, 레바논, 요르단, 네팔, 케냐 순으로 많았다.[28] 유엔난민기구는 2019년에는 140만 명의 난민이 재정착이 필요한 상황에 놓일 것이라 전망했다.[29]

피난의 법적·실제적 모호성
Legal and practical ambiguities surrounding refuge

UN의 개념 정의는 '난민'이라는 용어에 대해 가장 보편적으로 채택된 것임에도 통탄할 만큼 제한적인 용법으로 쓰이기 때문에 우리를 극도로 혼란스럽게 한다. 이 논란은 시민권에 있어 매우 중대한 사안인데, '난민'에 대한 기존의 다소 제한적인 정의가 무국적 상태에 놓여 있는 많은 사람들의 요구를 배제하기 때문이다.

논의에 앞서, 비록 난민과 무국적자가 상당한 공통분모를 가지기는 하지만 모든 난민이 무국적자는 아니며 모든 무국적자가 난민인 것도 아님을 알아야 한다. 예컨대 난민은 국적이 없으면서 국경을 건너지는 않은 사례를 반영하지 못한다. 또한 개별 국가들은 기후위기를 피해 나온 이들을 어떨 때는 난민으로 보면서 어떨 때에는 난민으로 보지 않는다. 일부 전문가들은 기후 난민을 국제법상 공식적 범주로서 추가하는 것이 현존하는 난민들의 권익 보호를 흐리게 하는 악영향을 줄 가능성에 대해 의문을 품는다.[30] 2050년에는 2억 5천만 명의 기후 난민이 발생할 것이라는 연구 결과가 존재한다는 점을 고려할 때 이 질문은 특히나 의미심장하다.[31]

같은 종류의 문제점이 성 착취, 성폭력, 교제 중 폭력, 인신매매의 경우에도 발생한다. 2017년 『가디언 Guardian』은 중앙아메리카 국가들에서 많은 여성들이 남편 등 남성 가족 구성원의 학대로부터 도망치고 있다고 보고했다.[32] 이곳은 세계에서 가장 높은 여성 살해율을 보이는 지역이기도 하다.[33] 하지만 과연 성별이 1951년 난민의 지위에 관한 협약에서 규정한 '난민'의 정의 속 '사회 집단'의 범주에 속하는지는 불분명하다. 최근 유엔난민기구는 이에 따라 '성'이라는 범주가 비호 신청의 근거가 될 수 있는 '내재적 특징'으로 간주되어야 한다는 점을 명확히 밝혔다.[34]

알렉산더 베츠Alexander Betts는 "누군가가 박해를 받은 것인지, 아니면 다른 심각한 인권 침해를 받은 것인지를 구분함으로써 망명의 규범적 근거를 설정하는 것은 너무 자의적이다"고 밝혔다.[35] 그는 현재의 규범하에서는, 삶을 위협할 정도의 결핍이나 권리 침해로부터 도망쳤음에도 기술적으로는 난민으로 특정되지 않는 사람들이 있다고 말한다. 이에 따른 그의 규범적 제안은 난민 개념의 외연을 확장하여 **생존적 이민자**의 성격을 띤 이들을 포함하자는 것이다.[36] 베츠에 의하면 생존적 이민자란 난민에게 제공되는 보호 조치로부터 거절당한 동시에, 어떤 국가에 수용되느냐에 따라 더 많거나 더 적은 권리를 가지는 상황에 놓인 이들을 말한다. 난민은 일단 '재정착'되고 나서는 직업을 구할 권리를 가지게 되는 반면, 생존적 이민자들은 추방당하든지 형식적 권리를 매우 적게 가지거나 아예 가지지 못하는 위태로운 상황 속에서 살아가게 된다.

이 '캠프 터'에 누가 속하고 누가 속하지 않는가도 확실하지 않다.[37] 다이애나 마틴Diana Martin은 난민 캠프에 대한 조사가 "법과 권리에만 기초할 경우 생물정치학적 계산과 생생한 삶의 생성이 주는 복잡함을 담아내지 못할" 것이라는 흥미로운 견해를 제시한다.[38] 그녀의 설명에 따르면, 레바논 내전의 결과 발생한 사회경제적 부정의와 배제는 레바논 난민과 같이 매우 유사한 형태의 배제를 겪은 범주를 형성했는데, 그뿐만 아니라 레바논 내에서 팔레스타인 난민을 수용하기 위해 지어진 샤틸라Shatila 캠프와 같은 몇몇 캠프들의 구성원이 팔레스타인인과 팔레스타인인이 아닌 자들의 혼합으로 나타나는 일이 벌어지기도 했다. 이는 캠프가 비공식적인 정착민들을 흘려보내어 (적어도 이 사례에서만큼은) 단일 민족의 임시 정착지라는 '난민 캠프'의 개념에 혼동을 불러온다는 점을 보여준다.[39] 결국 노동 참여의 기회와 그 외 권리들을 박탈당한 '난민'이 다양한 잠재적 비非난민들과 인접하여 또는 함께 살고 있을 때 그들이 권리를 얼마나 침해당했는지를 판단하는 것은 어려운 일이다.

피난, 망명, 재정착의 문제에서는 항상 법적, 실천적 모호함이 만연해있다. 이는 국경 내에 난민 수용을 제한해야 한다고 주장하는 사람들과 난민 정책을 확장하기를 원하는 사람들 사이의 갈등을 더욱 난망하게 만든다. 그러나 앞서 밝힌 바와 같이, 아주 미약한 권리와 보호 아래 살아가는 이들에는 난민만 있는 것이 아니다. 무국적자들 또한 극도로 제한된 권리와 보호 아래 놓인다. 다음 절에서는 무국적자와 그 관련 개념인 국적 박탈자에 주목하여 논의를 이어갈 것이다.

무국적자, 국적 및 시민권 박탈자
Statelessness, denationalization, and denaturalization

1954년 무국적자의 지위에 관한 협약Convention Relating to the Status of Stateless Persons에서 무국적자란 "어떤 국가의 현행 법률에 따르더라도 국민으로 인정받지 못하는 사람"을 말한다.[40] 세상 사람들 중 최소 천만 명이 무국적 상태이다.⁴¹ 여러 조약과 국제법적 조치들이 모든 사람은 국적을 가질 권리를 지닌다는 점과 무국적 상태를 타파하기 위한 국제적 규범을 재차 천명하고 있다.⁴² 1961년 채택되어 1975년 발효된 무국적자 감소에 관한 협약The 1961 Convention on the Reduction of Statelessness은 무국적자 발생 방지와 감소에 대한 일반 규칙을 열거하고 '국적에 관한 국제 규범을 준수할 것'을 보증한다.⁴³ 1954년 협약 또한 '법적으로 당사국 영토에 있는' 무국적자의 추방을 금지하고 해당 국가들로 하여금 그들에게 이동의 자유, 신분 증명 서류, 여행 허가증을 허용할 것을 요구한다.⁴⁴

무국적자들은 심각한 권리 침탈을 겪는다. 그들은 여권이나 국제 신분증과 같은 여행 허가증이 없는 경우가 많다. 국적뿐만 아니라 시민권도 없기 때문에, 그들은 특정한 국가에 거주할 권리도 없고 국경을 넘어 여행할 특권도 누리지 못한다. 끝으로 그들은 어떤 정부로부터도 보호의 혜택을 누리지 못하며, 이는 그들을 극단적 형태의 착취, 밀거래, 잔혹 범죄에 노출시킨다. 유엔난민기구가 이들을 '심각한 취약' 집단으로 규정하고⁴⁵ 2024년까지 무국적자 사태를 종식시키기로 결심한 것은 당연한 일이다.⁴⁶

유엔난민기구에 따르면, 무국적자를 만드는 상황에는 다음과 같은 것들이 있다: 타 국적자와의 혼인 및 이혼, 고국에서 멀리 떨어진 채 장기간 거주, 무국적/난민 부모 사이에서의 출생, 혼외 출생, 행정상의 오류, 특정 국가로부터의 출생신고 거부 또는 누락, 여러 국가 간 국적법의 불일치(출생지주의 대 혈통주의) 등이다.⁴⁷ 자발적으로 무국적 상태를 선택하는 경우도 있는데, 상대적으로 부유한 국가에서 망명자 지위를 얻기 위함이다.⁴⁸ 때때로 정부가 시민권에 관한 법을 변경한 결과 인구 집단 일부가 통째로 국적을 잃기도 한다. 탈식민지화 또는 분리 독립으로 인해 새로운 국가가 탄생하는 경우, 이 과정이 인민 전체에 대해 어떤 인식 가능한 주권국가의 시민권도 갖지 않은 상태로 남겨둘 수도 있다.⁴⁹

무국적 상태는 국적 박탈의 결과로서 나타날 수도 있다. 이 문제를 미국 맥락에서 연구해 온 패트릭 웨일Patrick Weil은 22,000명이 넘는 사람들이 20세기 동안 미국에서 국적을 박탈당했다고 말한다. 국적이나 시민권의 박탈은 다른 국가들에서도 자행되고 있는 일이다. 소비에트 연방은 1,500만 명이나 되는 사람들의 시민권을 빼앗았다. 나치 독일과 비시 프랑스 정권은 55,000명의 국적을 박탈했고 40,000명이 넘는 사람들의 시민권을 철회하였다.⁵⁰ 1906년 미국에서 국적법이 통과되면서 국적 박탈이 국가적 조치로서 명문화되었다. 1914년에는 영국, 1915년에는 프랑스에서도 이 제도를 도입하였다.⁵¹ 20세기 동안 여러 시기에 걸쳐, 미국 여성은 특정 외국 국적자와 결혼했다는 이유만으로 시민권을 상실할 수 있었다. 귀화자들은 해외로 나갔다는 이유로 시민권을 잃었고, 미군 부대에서 탈영하거나, 외국 군대에 복무하기 위해 서명하거나, 외국 선거에서 투표를 하는 등 여러 다양한 형태의 행위 또한 시민권 상실의 근거가 되었다.⁵² 1998년 에티오피아는 에리트레아와의 분쟁 과정에서 에리트레아 출신 민족 국민 수천 명의 국적을 박탈하였다.⁵³ 이와 유사하게, 소비에트 연방이 해체된 후, 에스토니아는 본인 또는 조상이 1940년 이전 에스토니아 시민권을 가지지 않은 모든 거주자들의 국적을 박탈하는 규정을 포함한 시민권법을 제정하였다.⁵⁴ 이외에도 다른 많은 대규모 무국적자 발생 사례들이 있으며, 이 시간들은 그 일부일 뿐이다. 팔레스타인과 그 외 영토에 거주하는 팔레스타인인, 중앙아시아에서 최근 불거진 갈등과 폭력을 피해 미국으로 피난한 이민자들, 도미니카 공화국 내의 국적을 박탈당한 아이티인들, 쿠웨이트와 걸프 협력 회의 국가 및 이라크에 있는 무국적 유목민족 비둔Bidoon 등이다.

이러한 사정들을 하나하나 세세하게 다룰 수는 없지만, 무국적 상태와 관련하여 최근의 두 논쟁 사례를 이 현상의 전형적 사례로 다루고자 한다. 첫 번째는 방글라데시의 소수민족인 로힝야족에 관한 것이고, 두 번째는 최근 몇 년간 고향 국가에서 갈등과 박해를 피해 유럽으로 와 난민 자격을 얻고자 하는 이들의 이야기이다.

미얀마 내 로힝야족의 무국적 상태

로힝야족은 전 세계 어느 집단보다도 가장 가혹한 무국적 상태의 피해를 겪고 있으나, 그 현실은 국제사회에서 거의 외면당하고 있다. 로힝야족의 무국적 상태를 둘러싼 논쟁은 미얀마 내 라킨주에 사는 로힝야 소수민족에 대한 것이다. UN에 따르면 이는 "세계에서 가장 빠르게 증가하는 난민 위기"로 불린다.[55] 1970년대 이후, 미얀마 정부의 차별적 정책에 대응하여 수십만 명의 로힝야족이 미얀마를 떠났다.[56] 최근 몇 년동안 이들은 집단 강간, 살인, 방화 등의 폭력에 직면했고, 이에 따라 방글라데시를 비롯해 태국, 말레이시아, 인도네시아 등 여러 국가로 대규모 이주가 뒤따랐다.[57] 미얀마 치안 당국은 '인종 청소' 캠페인을 자행한 데에 대한 비난을 받았다.[58] 그러나 미얀마 군부는 이러한 지적을 묵

살하고 단지 로힝야족 강경파에 맞서 싸우는 중이라고 주장한다.[59] 무력투쟁이 일어났다는 근거가 없는 것은 아니다. 2017년, 아라칸 로힝야 구원군Arakan Rohingya Salvation Army, ARSA 강경파가 최소 30개소의 파출소를 습격하였고,[60] 이는 군부의 대규모 보복을 유발하였다. 2017년의 초, 라킨주에는 약 100만 명의 로힝야족이 거주하고 있었다.[61] 2012년에서 2015년 사이, 11만 2,000명이 넘는 로힝야족이 배를 타고 벵골만과 버마해를 건너 말레이시아로 향한 것으로 알려져 있다.[62] 2017년 8월 폭력사태가 발발한 시기에, UN은 동남아시아 전역에 약 42만 명의 로힝야족 난민과 12만 명의 국내 실향민이 발생한 것으로 추정하였다.[63] 2017~2018년 동안에는 약 70만 명이 인접국인 방글라데시로 피신하였다.[64] 로힝야족은 '세계에서 가장 박해받는 소수민족'이라 불렸다.[65]

예전에는 '버마'라고 불렸던 미얀마는 남아시아 아亞대륙에 인접한 동남아시아 국가이다. 1820년부터 1948년까지 미얀마는 우선은 영국령 인도의 한 지방으로서, 나중에는 별개의 식민지로서 영국의 지배를 받았다. 미얀마의 주요 종교는 불교지만, 여기에는 스스로를 로힝야 민족 집단으로 정체화하고 미얀마 서부 지역인 라킨주에 주로 거주하는 무슬림 소수집단도 있다. 1430년 이 땅에 최후의 라킨 왕국이 세워졌다.[66] 1785년, 이 왕국은 버마족의 지배를 받았다. 19세기 동안 버마족은 영국에 수차례 맞서 싸웠으나 1820년 중반부터 1948년 마침내 독립하기까지 이 지역 전체가 영국의 식민 통치하에 있었다.

로힝야족은 그들이 라킨 지역에 수백 년간 살아온 아랍 상인들의 후예라고 주장한다. 하지만 미얀마 정부의 눈에 그들은 인접한 방글라데시로부터 불규칙적으로 이주해 온 집단이었다. 일부는 그들이 버마가 영국의 지배를 받는 동안 오늘날의 방글라데시(무슬림이 주류인 국가) 지역에서 영국에 의해 이주된 이들이라고 말한다.[67] 라킨주의 북서부는 방글라데시의 치타공 주와 인접해 있고 미얀마 서부 해안 지역은 벵골만에 위치해 있어 인도와 방글라데시 모두로 쉽게 항해할 수 있는 여건을 제공한다. 미얀마 정부는 로힝야족의 시민권적 권리를 인정하지 않고 135개의 공인된 인종 문화집단에서 제외하고 있으며, 2014년 인구조사에서 그들을 누락시키기도 했다.[68] 로힝야족은 처음에는 그러한 인구 조사에서 스스로를 로힝야로 표기할 수 있었으나, 불교 민족주의자들이 이를 반대하였고 미얀마 정부는 결국 그들이 스스로를 로힝야족이 아니라 벵골인(방글라데시의 주요 민족으로, 벵골어는 인도 방글라데시와 인접한 서벵골 지역에서 주요 사용됨)이라고 신고하였을 때에만 등록될 수 있게 하였다.[69]

1948년 미얀마(당시 명칭으로는 버마)는 영국으로부터 독립을 얻어내었고, 새로 수립된 국가는 연방 시민권법을 통해 시민권을 얻을 수 있는 인종 문화집단을 규정하였다. 로힝야족은 그에 포함되지 못하였다.[70] 하지만 어떤 사람의 가족이 미얀마에 최소 두 세대를 거주하였다면, 특별 신분증을 신청할 수 있다. 그 후, 1962년의 군부 쿠데타가 일어나자 미얀마의 모든 시민들은 주민등록증을 발급하도록 지시받았다. 로힝야족은 이 신분증을 발급받지 못하였으며 대신 외국인 등록증을 받아야 했다. 1982년에는 세 단계의 시민권을 규정한 시민권법이 발표되었다. 가장 기초적 단계의 시민권을 획득하기 위해서는 공용어 중 한 개 언어에 능통함을 보여야 했고 1948년 이전부터 가족이 미얀마에 거주했음을 증명해야 했다. 이는 로힝야족에게 있어 불가능한 일이었는데, 그들에게는 그러한 서류작업에 대한 접근권한조차 없었기 때문이다. 이 정책은 대부분의 로힝야족들을 무국적자로 만드는 데에 '효과적'이었으며, 로힝야족이 근로, 학업, 여행, 신앙, 혼인, 투표, 의료 서비스를 누릴 권리는 없거나 극도로 제한되었다.[71]

2017년 2월, UN 인권 최고대표사무소UN High Commissioner for Human Rights는 로힝야족에게 자행된 가혹행위를 기술한 보고서를 발표하였다.[72] 여기에는 집단 학살, 집단 강간과 무차별 폭행과 같은 광범위한 성폭력 사례들이 보고되었다. 수백 개의 로힝야 마을이 불타 없어지고, 근처의 라킨 지역 주류 민족 마을은 멀쩡히 남아 있는 모습이 담긴 위성사진이 찍히기도 하였다.[73] 그럼에도 미얀마 정부는 로힝야족에게 체제에 의한 폭력이 자행된 증거를 찾을 수 없다는 조사 결과를 내놓았다.[74] 라킨주에 진입이 허가된 몇 안 되는 기자 중 한 명인 BBC의 조나단 히드는 정부 관계자로부터 로힝야족이 스스로 고향 마을에 불을 질렀다는 점을 보여주는 사진을 받았으나, 나중에 이 사진들은 조작된 것으로 드러났다.[75]

미국 외교협회Council on Foreign Relations는 2018년 초 방글라데시에는 95만 명의 로힝야 난민이 있다고 보고했다. ,2017년 말 말레이시아에는 15만 명의 로힝야족이 있었다. 세계보건기구WHO는 2018년 한 해 동안 방글라데시의 난민 캠프에서 6만 명의 신생아가 태어날 것을 예측하였다. 캠프의 상황은 영 좋지 않았는데, 사용 가능한 수자원의 60%가 오염되었고, 감염병의 위험이 매우 높았다. 많은 난민들이 방글라데시를 빠

져나가 제3세계로 이동하기 위해 브로커를 찾고 있었다. 이런 상황은 그들을 성착취뿐 아니라 다른 모든 종류의 인권 침해에 매우 취약한 상태로 만든다. 로힝야족의 대부분은 인도네시아나 말레이시아와 같은 다른 나라로 피신하기 전에 배를 타고 태국을 거쳐야 하는데, 이곳에서 인신매매범들의 표적이 되기도 쉽다.[76]

인도네시아, 말레이시아, 태국과 같은 몇몇 국가들이 아직 UN 난민 협약이나 지위에 관한 조약에 비준하지 않았다는 점이 문제를 더 어렵게 한다.[77] 국제 사회의 비난이 이어지고 있지만, 상황은 나아질 기미가 보이지 않는다. 미국, 캐나다, 노르웨이, 대한민국과 그 외 여러 기부자들이 해당 지역에 인도주의적 원조를 시행하고 있다. UN은 2018년 한 해에만 9억 5,100만 달러에 달하는 긴급 구호 기금을 요청하였다. 2018년 초, 국제형사재판소는 미얀마 전쟁범죄에 대한 사법권을 행사하려 하였다.[78] 하지만 미얀마 정부는 계속해서 모든 혐의를 부인하고 있다. 로힝야족이 직면한 심각한 곤경은, 거주지에서 안전을 담보할 수 없는 이들의 인권을 보호하고 안식처를 제공하는 역할을 정부와 대중이 솔선수범하여 행하지 않을 경우 국제적 인권 조약이 얼마나 유명무실해질 수 있는지 보여주는 사례이다.

EU 이민자/난민 위기

2015년 이래, EU는 이민자와 난민을 둘러싼 거대한 논쟁을 격화해 왔다. 시리아 내전의 결과 대량의 국내 실향민과 난민이 발생하였다. 이들 중 대다수는 시리아, 요르단, 레바논, 튀르키예 등 인접한 국가에서 피난처를 찾으려 했다. 하지만 상당수의 사람들은 또한 튀르키예를 시작으로 여러 유럽 국가로 향했다. 2015년 2월에서 8월 사이 35만 명이 EU 국경을 넘은 것으로 기록되었다.⁷⁹ 이 난민들은 지중해를 건넜거나 동남부 유럽을 가로지르는 여정을 거쳤다. 그리스와 이탈리아가 가장 많은 수의 난민을 수용하였다. 유럽에 들어온 모든 이들이 전부 난민으로 취급되어야 하는지에 대해서는 이론의 여지가 있다. 데이비드 밀러David Miller에 의하면 이들 중 일부는 알렉산더 베츠가 이야기하는 '생존적 이민자'로 상정된다.⁸⁰ UN 난민기구에 따르면, 시리아 사태의 여파로 EU로 이주한 사람들 중에는 난민뿐만 아니라 경제적 이민자들도 있으며, 이들은 '난민이자 이민자'로서 둘 중 한 가지 개념으로만 설명될 수 없는 존재들이다.⁸¹

    UN 난민기구는 2018년 상반기에만 42,000명이 넘는 사람들이 유럽으로 가기 위해 목숨을 걸고 바다를 건넜다고 추산했으며, 같은 기간 1,200명 이상이 익사한 것으로 추정하였다.⁸² 그러나 이 수치는 난민 사태가 절정이던 2015년 상반기보다는 낮은 수준으로, 당시 UN 난민기구에 따르면 지중해를 건넌 이들의 수는 13만 7,000명에 달한다. 이 기간 동안 바다를 건너던 2,000명 이상의 사람이 익사하거나 실종되었다.⁸³ 유럽연합 통계국Eurostat에 따르면, EU 회원국은 2015년에만 120만 명의 최초 비호 신청자를 받아들였으며, 시리아, 아프가니스탄, 이라크가 주요 출신 상위 3개국을 차지하였다.⁸⁴ 이 시기 독일은 전쟁과 혼란를 피해 온 이들 세 나라의 난민 누구에게나 국경을 개방하였다. 그 결과, 독일은 100만 명이 넘는 난민을 수용하게 되었다.⁸⁵ 이후 메르켈Angela Merkel 독

일 총리는 당내외를 막론하고 이러한 방침을 채택한 것에 대해 극심한 비판을 받게 된다.[86]

한편, EU법의 일환으로 더블린 규정은 특정한 비호 신청을 심사할 책임이 있는 회원국을 선정한다. 이 규정이 생긴 이유는 이른바 망명 '쇼핑'을 방지하기 위해서였다.[87] 그러나 더블린 규정은 비호 신청자들이 최초 입국하여 지문을 채취한 국가로 다시 이송될 것을 요구한다.[88] 이는 대개 그리스나 이탈리아인데, 두 나라는 비호 신청자를 위한 복지 제도가 가장 부족한 국가이기도 하다.[89] 그 결과, 이들 국가에 도착한 난민과 이민자들은 더 나은 경제적 기회와 전망을 기대할 수 있는 다른 나라로 이주를 시도하곤 한다. 2011년 『가디언』 보도에 따르면, 이들이 최초로 입국한 국가가 아닌 다른 나라에서 비호 신청을 하기 위해 자신의 지문을 태워 없애는 일이 빈번하다고 보도했다.[90]

더블린 규정은 비인도적이라는 이유로 많은 질타를 받았다.[91] 유럽 인권 재판소 European Court of Human Rights 역시 최초 진입국으로 망명자를 송환하기에 앞서, 그들에게 해당 국가가 미흡한 망명 제도를 가지고 있음을 입증할 기회를 주도록 강제하고 있다.[92] 또한, 거주 이전의 자유는 EU의 핵심 원칙 중 하나인데, 이 권리를 새로 입국한 사람들에게 제한하는 것은 일관성이 없다고 데이비드 밀러 David Miller는 지적한다.[93] 이 사태는 아직 마땅한 해결책이 보이지 않는 현재진행형의 문제이다. 밀러는 EU가 이 위기를 해결하기 위해 다음과 같은 조치를 고려할 수 있다고 제안한다.[94]

- 그리스, 이탈리아와 같은 과중한 신규 이민자 도착국의 비용을 경감할 수 있는 비용 분담성 재정 운영계획 수립
- 납치나 인신매매를 억제하기 위해 이민 출발국가의 지역 정부와 협력하기, 캠프 내의 생활 여건을 개선하고, 캠프 내, 외에서 일자리를 구할 기회를 제공하기
- 도착국의 난민 수용 할당량을 설정하기
- 일부에게 있어서는 궁극적으로 본국 송환을 목적으로 하는 임시 보호 제도에 동의하기 등

물론 이러한 개혁안들을 실제로 실행하는 것은 훨씬 어려운 일이다.

국경 개방을 정당화할 철학적 근거는 존재하는가?
Is there a philosophical case to be made for open borders?

부유하고 안정된 민주국가들은 세계의 난민과 위험에 처한 이들을 보호하고 궁극적으로 시민권을 제공해야 한다는 막대한 압박에 직면하게 된다. 이러한 상황은 국가 경계의 정당성에 대한 근본적인 의문을 제기한다. 이제 이 장의 결론이자, 나아가 이 책의 종착지이기도 한 이번 절에서, 우리는 국경 개방의 철학적 근거에 대해 살펴본다.

국경 개방에 대한 논거를 보호하거나 창안하기 위해 다양한 철학적 설명들이 제기되어 왔다. 이는 무엇보다도 그로티우스, 칸트, 아렌트 등

의 저작을 기반으로 하며 보편적 인권과 '전 지구적인 기회의 평등' 개념에 대한 논의를 포함한다.[95] 우선은 몇 가지 제약사항에 대해 짚고 넘어가보자. 세일라 벤하비브 Seyla Benhabib는 『타자의 권리 The Rights of Others』에서 국제 이주와 관련하여 '세계 정의의 규범적 이론'을 설명한다.[96] 정치 이론의 여러 조류를 결합하고 '도덕적 보편주의와 세계시민적 연방주의' 접근법에 입각하여, 벤하비브는 국경이 '느슨해질' 수는 있어도 개방되기는 어려울 것이라는 의견을 표한다.[97] 그녀는 세계 인권 선언이 이주의 자유를 인정하면서도 이민자들의 입국을 허가하는 주권 국가의 일원으로서 지니는 의무에 대해서는 침묵한다는 점을 타당하게 지적한다.[98] 또한 난민의 지위와 관련된 1951년 제네바 협약(그리고 1967년 의정서)의 조인국과 비조인국 모두 이 서류에서 중요하게 보장하고 있는 처벌금지 조항을 무시하고 있다. 결국 보편적 인권이라는 신조는 주권국의 영토라는 개념과 긴장 상태에 놓여있는 것이다.[99]

이러한 긴장상태에 대하여, 벤하비브는 민주적 반추 개념을 제안하는데, 이를 통해 '상황과 조건을 초월한 헌법적, 국제적 규범에의 헌신이 민주적 다수의 의지를 통해 어떻게 매개될 수 있는지'를 보이려 했다.[100] 이를 통해 그녀는 우선 선행된 철학적 논의들을 탐구한다. 두 가지 핵심 이론이 있는데, 첫 번째는 칸트의 임시 체류, 두 번째는 아렌트가 권리를 가질 권리라고 이름붙인 것이다.

칸트는 그의 명저 『영구평화론 Perpetual Peace』에서 환대가 모든 인간 존재에게 속하는 권리임을 명시하였다. 환대란

낯선 자가 타인의 땅에 도착했을 때 적으로서 대우받지 않을 권리이다. 누군가는 그를 받아들이기를 거부할 수도 있다. 그러나 그것이 그의 파괴를 불러와서는 안 된다. … 이방인이 요구하는 것은, 짐작건대 영구적인 방문자가 될 권리Gastrecht는 아닐 것이다. 그가 바라는 것은 임시 체류의 권리 ein Besuchtrecht, 그리고 함께 어울릴 권리에 지나지 않으며, 그것은 모든 인간이 가지는 권리이다.[101]

칸트가 이러한 권리를 옹호한 근거는 두 가지 측면을 지닌다. 첫 번째는 관계 형성에 대한 인간의 보편적 능력이며, 두 번째는 **지구 표면의 공동 소유에 대한 법적 구상**이다.[102] 벤하비브의 설명에 의하면, 칸트는 둘 중 어떤 것이 환대의 권리를 정당화하는 근거인지 명확히 밝히지는 않았다.[103] 그러나 환대의 권리에는 한계도 있다. 그것은 불완전하고 상황에 따라 변하는 도덕적 의무를 우리에게 부과하기 때문이다.[104] 예컨대 우리는 환대를 확장하는 것이 피해나 쇠락을 야기할 때에는 이를 예외로 둘 수 있다. 칸트 또한 환대의 고상한 권능을 옹호했음에도 불구하고 영구 거주에 대한 '도덕적 주장'을 한 바는 없다.[105]

이 대목에서 또 하나의 핵심적인 철학적 입장은 아렌트가 "권리를 가질 권리"라고 부른 것이다. 아렌트가 이 단어를 처음 언급한 것은 『전체주의의 기원 The Origins of Totalitarianism』에서였다.[106] 그녀에게 특히나 영감을 주었던 것은 20세기 중반 유럽 국가들이 달갑지 않은 소수자들에 대한 대규모의 국적 박탈 활동을 벌여 수백만의 난민과 무국적자를 만들어낸 일을 목도한 경험이었다.[107] 이러한 맥락 속에서 아렌트는 다음과 같이 썼다.

> 새로운 세계의 정치적 상황 속에서, 권리를 가질 권리와(그것은 오직 자신의 행위와 의견을 통해서만 평가받는 체제 아래 살아감을 의미한다) 특정한 종류의 조직된 공동체에 소속될 권리들을 잃어버리고 되찾을 수 없게 된 수많은 사람들을 보고 나서야, 비로소 우리는 그러한 권리들의 존재를 인식하게 된다. … 권리를 가질 권리, 내지는 '인간'으로서 소속될 모든 인간의 권리는 인간성 그 자체를 통해 보장되어야 한다. 이것이 과연 가능한지는 결코 장담할 수 없다.[108]

칸트도 아렌트도 벤하비브가 몰두한 딜레마 – 보편주의적 인권과 영토 주권의 대립 – 를 해결해주지는 못한다. 칸트는 어떻게 임시 거처를 제공하는 일과 영구적인 거처를 제공하는 일 사이의 간극을 메울 수 있는지를 설명하지 않았다. 그리고 권리를 가질 권리를 주장하는 아렌트 또한 포함과 배제의 고유한 형태를 가진 기존의 '공화국' 개념을 반박하지 않은 채 남겨뒀다. 벤하비브는 민주적 반추 개념이 이 딜레마의 돌파구를 찾을 수 있다고 말한다. 민주적 반추란 '공적 주장, 숙의와 의견 교환이 보편주의적 권리 주장과 원칙들의 경쟁과 맥락화 과정을 통하여 이루어지는 복잡한 과정'이다.[109] 이를 통해 '정체 체제하의 통념'을 바꾸고 '권위주의적 선례를 타파'할 수 있다.[110] 이러한 방식으로 생성되는 '규범형성의 정치학'은 '반복적인 반추 행위로서, 그 행위를 통해 스스로 특정된 규범적 지침에 종속된 존재라고 생각하는 민주적 인민들이 그것을 재평가, 재해석함으로써 자신이 법의 객체뿐 아니라 주체로서도 존

재함을 보여준다.'¹¹¹

벤하비브의 관점에서, 난민과 비호 신청자의 초기 입국 권리는 결코 부정되어서는 안 된다. 물론 그녀 또한 '초기 입국에서 완전한 구성원으로의 전환을 규제'할 수 있는 권한이 민주사회에 있음을 인정한다.¹¹² 또한 그녀는 귀화 요건을 규정한 법률이 인권 규범을 준수해야 하며, 주권을 가진 인민들이 외부인의 귀화를 제한할 수 있는 권리에는 일정한 한계가 설정되어야 한다고 주장한다.¹¹³ 하지만 그녀는 자신의 주장이 누군가에게는 '근본 없는 세계시민주의 방향으로 지나치게 나아간 것'으로, 다른 누군가에게는 '여전히 부족한 것으로 보일' 수 있음을 인정한다.¹¹⁴

조지프 카렌스Joseph Carens는 「외부인과 시민: 국경 개방의 경우 Aliens and Citizens: The Case for Open Borders」에서 훨씬 더 명료한 개방된 국경 주장을 펼쳤다.¹¹⁵ 카렌스는 노직, 롤스, 그리고 공리주의적 근거에 입각하여 개방 국경을 주장하는 동시에, 마이클 왈저Michael Walzer로 대표되는 공동체주의 측 반론이 가진 오류를 지적한다. 이 주장은 미묘하고 복잡한 것이지만, 그 주된 골자를 간략히 다루면 다음과 같다. 카렌스에 따르면, 북반구 국가의 시민권은 어디든간에 봉건적 특혜와 유사한 면이 있어 면밀히 검토할 경우 그것을 정당화하기 어렵게 된다.¹¹⁶ 일관성 있는 노직주의자라면 정부는 '개인들이 이미 자연 국가에서 향유하는 권리를 관철, 집행하는 것 이외에 어떠한 특수한 권리도 가지지 못한다'고 볼 것이다. 시민권은 어떠한 독자적인 권리도 탄생시키지 않는다.¹¹⁷

롤스적 관점에서 생각했을 때, 정의의 원칙은 '무지의 베일', 즉 모두가 그들의 개인적 상황에 대해 전혀 알지 못하는 조건 안에서 도달되어야 한다.[118] 원초적 입장에서, 사람들은 두 가지 정의의 원칙을 채택할 것인데, 한 가지가 다른 하나에 선행한다. 첫 번째는 모두에게 평등한 자유를 보장하는 일에 관한 것이다. 그리고 두 번째 원칙은 사회, 경제적 불평등을 허용하나 오직 최소 수혜자의 최대 이익이 될 때에만 그러해야 한다. 카렌스는 롤스가 정의의 원칙을 '닫힌 계' 속에서 도출하려 했다는 점을 알고 있었다. 하지만 그는 만약 롤스의 분석을 '도덕 추론의 일반적 방법'으로 확장한다면,[119] 롤스주의적 사고가 개방된 국경을 옹호하리라는 결론에 도달한다고 생각했다. 그 이유는 다음과 같다. 무지의 베일은 그들의 특권이나 결핍에 대한 조건의 불확실성하에서 정의의 원칙을 정하도록 하기 위한 것이다. 이를 전 지구적 관점에서 바라본다면, 이 특권의 문제는 부유한 국가의 시민에 해당하는 것이 된다. 따라서, 전 지구적인 '원초적 입장'하에서 사람들이 내릴 결정이 닫힌 계에서의 그것과 다르게 나타날 이유가 없다.[120] 롤스의 무지의 베일 속 원초적 입장에 놓여있을 때, 사람들은 그들 자신이 자유와 그 외 측면에서 제약을 받는 '최소 수혜자'라고 여길 것이라는 점을 카렌스는 타당하게 지적한다. 그러므로, 국경 간 자유로운 이동을 고려함에 있어, 사람들은 모두 '이주하기를 원하지만 금지되어 있어 하지 못하는 외지인'의 관점을 채택할 것이다.[121] 그 결과, 그들은 '기본적 자유의 체계에 이주의 권리가 포함'"되어야 한다는 입장을 취할 것이다.[122]

효용 극대화에 근거한 공리주의적 접근 또한 외부인을 후순위로 두는(또는 시민의 요구를 우선시하는) 입장을 정당화하기 어렵게 한다. 이는 공리주의가 보편주의를 반드시 동반하기 때문이다.[123] 물론 여기에 (쾌락, 욕구의 충족, 관심으로 정의된) 모든 종류의 효용을 포함해야 하는지 그 일부만 포함해야 하는지의 문제에 대해 모든 공리주의자들이 동일한 입장을 취하는 것은 아니다. 고차원적이고 정제된 쾌락과 욕구, 이해관심만을 고려해야 한다는 입장도 있는 반면, 모든 이의 선호가 반영되어야 한다는 주장도 있다. 그러나 어떤 입장을 취하든 그것에 근거하여 지금보다는 더 진보적인 이민 정책이 등장할 것이다.

마지막으로, 카렌스는 공동체주의적 입장에 대해 비판하는데, 예컨대 마이클 왈저의 다음과 같은 주장이다. "여러 의사결정 사안들의 일환으로, 국가는 외지인을 받아들일지의 여부를 그저 자유롭게 결정할 뿐이다."[124] 왈저에 따르면 공동체는 자기결정의 권리를 가지며, 몇몇 적법한 제약사항은 있을지 몰라도 대체적으로는 이 자기결정의 권리로부터 외지인을 배제할 권리가 부여되는 것이다.[125]

카렌스는 왈저가 제시한 두 가지 비유로써 이 문제에 접근한다. 첫 번째는 국경 개방을 왕래가 자유로운 이웃집에 비유한 왈저의 논의이다. 카렌스는 그보다는 도시나 지방, 미국 주 등에 빗대는 것이 더 적절한 비유일 것이라 제안한다. 이들은 모두 정치적 공동체로서, 뉴욕이나 캘리포니아처럼 독자적인 문화를 가지기도 한다. 하지만 그렇다고 해서 이곳들이 미국 내의 다른 지역으로부터 이 곳으로 진입할 수 있는 권리를 배제하지는 않을 것이다. 폐쇄나 배제의 제도가 없다 하더라도 이 장소들의 독자성은 퇴색되지 않는다. 따라서 어떤 국가에서 유입되는 이민자를 제한하기 위해서는 "공동체의 일종으로서 국민국가가 가진 도덕적 독자성에 대한, 왈저의 이웃집 비유보다 더 강력한 설명"이 필요하다.[126] 두 번째로 왈저는 국가를 동호회에 비유했다. 국가 또한 동호회처럼 그 영역과 구성원에 대한 접근을 규제, 제한하기 위해 원하는 대로 진입을 통제하거나 배제할 수 있음은 물론이다.[127] 하지만 카렌스에 따르면 이 비유 또한 오류가 있는데, 왈저는 공적 영역과 사적 영역 사이의 구분이라는 중요한 사항을 놓쳤기 때문이다. 이 구분이 중요한 이유는, 그 영역의 성격에 따라 '결사의 자유'와 '동등한 대우' 사이의 우선순위가 달라지기 때문이다. 전자는 사적 영역에서 우선권을 차지하겠으나, 공적 영역이라면 후자가 더 중요하게 취급된다. 이러한 이유들로, 카렌스는 자유로운 이주가 당장은 성취될 수 없다 하더라도 '우리가 추구해야 할 목표'라고 결론짓는다.[128]

2009년 보스턴 리뷰 포럼에서 카렌은 그의 주장을 정교화하였다. 여기서 그는 시간의 역할, 그리고 시간과 그에 따라 국가에 축적되는 의무의 관계에 주목하였는데, 이 의무란 그 국가 안에서 삶을 살아 온 사람들을 내치지 않아야 할 의무를 내용으로 한다.

> 비인가 이민자를 색출하고 추방하는 국가의 도덕적 권리는 시간이 지남에 따라 점차 약화된다. 비인가 이민자들이 더 많이 정착할수록, 사회에서 그들이 차지하는 입지는 더욱 커지고, 그들이 허가받지 않은 채 거주한다는 사실은 그에 따라 덜 중요해진다. 특정한 임계치를 넘어서게 되면, 비인가 이민자들은 구성원으로서 그들의 사회적 위치를 법적으로 인정해달라는 도덕적 발언권을 취득한다. 그들은 영구 거주의 권리, 그와 결부된 모든 권리를 얻어 궁극적으로 시민권에 도달할 수 있어야 한다.[129]

얼마나 많은 시간이 지나야 비시민이 더 이상 시민권으로부터 합당하게 배제되지 않을 수준이 되는가? 카렌스는 여기에 명확한 해답은 없다고 생각하지만, 1~2년은 충분치 않고 10년은 너무 길다고 보고 있다. 완전한 시민권을 얻기 위해 얼마나 긴 시간이 필요한지에 대한 임계점 질문에 대답하지 않는 카렌스가 실망스럽겠지만, 그의 원칙 자체에는 의문을 제기하기 어렵다. 한 나라에서 태어나 자라고, 그 시민 중 한 명과 혼인하여 아이를 낳고 학교에 보낼 정도라면 그 나라와 일정 수준의 유대를 형성했다고 보기에 합당하다고 여겨질 것이다. 4장에서 논의한 바대로, 이것은 확실히 아예렛 샤하르Ayelet Shachar가 염두에 둔 진정한 관계의 원칙(공동체에 통합된 정도와 실질적인 구성원으로서의 상태를 대변하는 원칙)의 일종이든지 또는 라이너 바우뵈크Rainer Bauböck의 '당사자 시민권'에 해당한다.[130]

하지만 카렌스와 같은 견해에 반대하는 입장도 있다. 예를 들어, 예컨대 데이비드 밀러가 대표적인 개방 국경 반대론자이다. 정확히 말하면, 밀러는 국민국가가 국경을 폐쇄해야 한다는 당위적 주장을 한다기보다는, 인권상의 제약하에서 국경을 폐쇄할 권리를 가져야 한다는 주장 쪽에 가깝다.[131] 이 주장을 발전시킴에 있어, 밀러는 주권의 원칙이 제기하는 주장, 즉 국민국가가 어떠한 정치 체제에 적합하지 않은 사람들을 배제할 권리를 가진다는 전통적인 주장에 의존하기를 원하지는 않는다는 신중한 입장을 취한다. 그가 주권에 근거한 주장을 꺼리는 이유는 배제 행위가 국경 안과 밖의 사람들 모두에게 영향을 미치기 때문이다. 따라서 밀러에 의하면, 비록 주권자들이 '그들을 성립시킨 계약에 동의한 이들을 지배할 무제한의 권리를 가진다고 해서, 그러한 권리를 외부인에게까지 행사할 수 있는 것은 아니다.'[132]

이런 이유로 밀러는 국가 주권이 아닌 다른 여러 근거에 입각해 그의 주장을 정당화한다. 그중 일부는 공적 문화와 국민 자치라는 발상과 관련된다. 그는 교육과 사회화의 일반적인 과정이 특정 사회의 공적 문화에 상당한 연속성을 보장한다고 주장한다. 그러나 이민자들은 그들의 문화 차이를 계속 유지하기를 열망하는 경우가 많은데, 이는 '공적 부조금이나 근로 패턴의 변화처럼 그들의 문화적 요구를 충족시킬 정책적 변화'[133]를 요구함으로써 공적 문화에 변화를 가져오는 결과를 낳을 수도 있다. 게다가, 밀러의 설명에 의하면 이민자와 비이민자 사이의 '문화 단절'은 '개인 간 신뢰와 정치제도상의 신뢰'의 감소를 야기할 것이다.[134] 이것을 포함한 몇몇 이유들이 밀러에게 있어 국민국가가 국경을 닫을 권리를 유지해야 함을 주장하는 근거가 된다.

사라 송 Sarah Song 또한 국가가 가진 이민 규제의 권리를 옹호하고 있으나, 국경 폐쇄권의 근거로서 '공적 문화'를 언급한 밀러의 민족주의적 해석에 반대한다. 송에 따르면, 그러한 민족주의적 설명은 유사 로크주의적인 사고로서 누군가의 노동과 권리 사이의 연관관계를 영토 내에 확립하려는 시도이다. 그러나 이러한 정당화 방식은 최소 네 가지의 문제점을 가진다.[135] 첫째, 개인의 노동이 왜 국가 전체에 축적되는 권리의 신장을 가져오는지에 대한 명확한 설명이 부재한다. 둘째, 왜 '정착'만으로 '사유재산권을 도덕적으로 정당화할 충분한 근거'가 되는지가 명확하지 않다.[136] 셋째, 충분히 잘 정착하고 변화하였음을 입증할 수 있는 그 어떤 집단도 이 관점에 따르면 영토에 대한 권리, 예컨대 로스앤젤레스의 한인마을과 같은 것을 가질 수 없는데, 이를 확실하게 설명하지 못한다.[137] 마지막으로, 이러한 설명들은 왜 한 집단의 노동이 '단순한 사유재산private property'이 아니라 전체 영토에 대한 '지역적 관할권territorial jurisdiction'을 부여하는지를 명확화하지 못한다.[138]

그렇기는 하지만, 송 또한 외지인을 배제할 권리를 활성화하는 자치권의 필요성을 인정하고 있다.[139] 따라서 그녀는 자치의 '민주적 정당화' 쪽으로 관심을 돌린다.[140] 이 관점에서의 자치란 자기지배에 대한 요구로서 1945년 UN 헌장, 시민적 및 정치적 권리에 관한 국제 규약International Covenant on Civil and Political Rights과 같은 국제법에서도 보장하는 개념이다.[141] 송에게 있어, '민중이 국가 경계 안에 소속되어야 하는 이유'는 (1) 그것이 민주주의의 조건을 보증하기 위한 가장 우선적인 수단이며, (2) 민주주의적 참여에 도움이 되는 연대가 이루어지는 일차적인 장으로서 기능하고, (3) 대표자와 유권자 사이의 책임소재에 대한 명확한 구분점을 제시하기 때문이다.

하지만 이러한 입장에 대한 반대 의견이 민주주의 이론 내에서도 존재한다는 점을 송 또한 인지하고 있다. 이러한 경우의 사례로서, 그녀는 아라시 아비자데Arash Abizadeh의 주장을 인용한다. 즉 국경의 치안을 관리하는 등의 국가 행위는 그 구성원과 비구성원 모두에게 있어 강압적인 권력행사이며, 그러한 권력행사는 반드시 해당 행위에 영향을 받는 모든 당사자, 즉 국경 안과 밖에 있는 모두에게 정당화되는 것이어야 한다.[142] 하지만 송은 국경 폐쇄의 정당근거가 반드시 '국가 정책수립에 있어 구성원과 비구성원의 동등한 참여권'의 형태로 나타날 필요는 없다고 생각한다. 이를 달성하기 위한 다른 수단들도 있는데, 예를 들어 영향을 받는 모든 사람의 인권을 존중하는 정책만을 지지한다든지, '비구성원의 고향 국가에 민주적인 제도가 자리 잡는 것을 지원하는 일' 등이 있다.[143]

밀러는 아비자데에게 반박하며 이민 정책이 결코 강압적인 것만은 아니라고 주장한다. 이민자가 무엇인가를 금지당할 때(예컨대 입국), 그들은 '그것 이외의 어떤 특정한 행위도 강제당하지 않는다.'[144] 밀러의 관점에 따르면, 그러한 개인들에게는

> 그들의 고국 내에서 가능한 모든 선택지가 남겨져 있고, 그들을 받아줄 수 있는 다른 국가에서의 활동도 가능하다. … 이민자가 불법으로 입국할 경우, 그는 강제적인 추방 조치의 대상이 될 것이다. 마치 우리 집에 불청객이 들어왔을 때 경찰을 부르는 것과 마찬가지이다. 하지만 그것이 애초에 입국 거부 행위가 '그 자체로' 강압적이라는 의미가 된다는 말은 아니다.

한편 크리스토퍼 버트램Christopher Bertram은 아라시 아비자데와 같은 입장에 서서 개방 국경 이론의 수정된 버전을 제안한다. 버트램이 보기에 정당한 국제 이주 질서는 강압적이어서는 안 되고 '내용보다는 절차에 관한 것이어야 한다.'[145] 이 질서는 국경을 넘나드는 이주의 자유를 옹호한다는 강한 전제에 기반하고 있으나, 이주를 제한해야 한다는 주장 또한 그것이 '충분히 무게감이 있는 경우' 진지하게 받아들인다.[146] 이

를 통해 버트램은 예컨대 국가, 비정부기구, 이해당사자와 이민자 본인들까지를 포함하는 광범위한 행위주체 간 국제적 협약의 가능성에 대해 생각하게끔 한다. 이 협약은 단순한 구성자격의 원칙과 시민권의 원칙을 조화하고, 무국적자가 발생하지 않도록 예방하며, 이주의 자유를 제한하는 정책의 적법성을 따질 심판기관의 설립까지를 포함한다.[147]

국경 개방에 대한 이 논쟁에서 누구의 편에 이끌리든 상관없이 간과되어선 안 될 사실이 있다. 영토가 아닌 다른 형태의 배제를 통해 영토적 배제로써 의도한 결과를 똑같이 이끌어 내거나 그리 할 수 있다면, 철학적 주장으로 영토에 의한 배제는 독자적인 정당화 근거를 가질 필요가 있다는 것이다. 이는 아담 콕스Adam Cox의 주장으로서, 그는 송이나 밀러와 같은 입장들이 '소중한 가치valuable goods'를 보존하는 것을 염두에 둔다는 점을 상기시킨다.[148] 하지만 콕스는 "가치를 위협하는 일은 두 가지 조건이면 충분하다. 이주의 자유를 보장하는 것과 새로운 입국자들을 차별하지 않는 것"[149]이라는 말로 이를 재해석한다. 이 말의 의미는 즉, 소중한 것으로 여겨지는 바로 그 가치 때문에 국가는 잠재적인 입국자들을 국경 밖에서 막게 된다는 것이다. 그것이 아니라면, 국가는 그 접근을 허락은 하되 소중한 가치 그 자체로부터는 격리되도록 조치할 수도 있다. 국가가 보전하려는 선의 예시로는 '복지 국가' 내지는 '민주주의적 제도'를 들 수 있다.[150] 그러한 가치를 보호하기 위한 방법으로는 외부인을 배척하든지 영토 안으로 들이기는 하되 그 혜택에 접근하지 못하게 하는 것이 가능한데, 복지 국가의 경우 공적 부조, 민주주의 제도의 경우 선거권이 그 사례이다. 바로 이러한 이유 때문에 콕스는 '배타적 영토권을 정당화하려는 이론은 왜 새롭게 이주해오는 이들을 차별하는 것은 배타적 영토권의 일환으로 받아들일 수 없는지를 설명해야 한다.'[151] 이 과제는 21세기 이민 논쟁의 핵심에 있는 자유 이주와 개방 국경의 문제를 꿰뚫고 있다.

미주
Notes

들어가는 글

1   Elizabeth F. Cohen, *Semi-Citizenship in Democratic Politics* (New York: Cambridge University Press, 2009).

1장 무엇이 시민권인가?

1   Walter Bryce Gallie, "Essentially Contested Concepts," *Proceedings of the Aristotelian Society* 56 (1956): 167–198; John Gerring, "What Makes a Concept Good? A Criterial Framework for Understanding Concept Formation in the Social Sciences," *Polity* 31(3) (1999): 357–393; Giovanni Sartori, "Guidelines for Concept Analysis," in Giovanni Sartori (ed.), *Social Science Concepts: A Systematic Analysis* (Beverly Hills, CA: Sage, 1984); David Collier, Daniel Hidalgo, and Andra Olivia Maciuceanu, "Essentially Contested Concepts: Debates and Applications," *Journal of Political Ideologies*, 11(3) (2006): 211–246; Cohen, *Semi-Citizenship in Democratic Politics*, 13 and passim; Cyril Ghosh, *The Politics of the American Dream: Democratic Inclusion in Contemporary American Political Culture* (New York: Palgrave Macmillan, 2013), 특히 25–26.
2   John Gerring, "What Makes a Concept Good?," 359.
3   Gallie, "Essentially Contested Concepts," 168.

4 Ghosh, *The Politics of the American Dream*.

5 Steven Lukes, *Individualism* (Oxford: Blackwell, 1973).

6 즉 이념이란 다음과 같은 것들이 될 수 있다: (1) 사상이나 신념, 가치의 유물론적 생산과정, (2) 사회적으로 유의미한 특정 집단이나 계층의 삶의 경험과 조건들을 상징화하는 사상과 신념(그것이 진실이든 아니든 간에) (3) 대항적인 이해관심에 맞서는 사회 집단의 어떠한 이해관심을 승인, 적법화하는 것, (4) 국지적 이해관심을 승인하거나 적법화하는 주류 집단의 사회적 권력, (5) 특히 왜곡과 은폐를 통해 작동하는, 지배집단의 이해관심을 적법화하는 데 도움을 주는 사상과 신념들 (6) 마지막으로, 사회의 물질적 구조로부터 발생하는 그릇되거나 기만적인 신념체계. Terry Eagleton, *Ideology: An Introduction* (London: Verso, 1991), 특히 28–30를 참조하라.

7 Ludwig Wittgenstein, *Philosophical Investigations*, 3rd edn (Upper Saddle River, NJ: Prentice Hall, 1973).

8 Fred Frohock, "The Structure of 'Politics,'" *American Political Science Review* 72(3) (1978): 859–870.

9 상세한 설문조사를 통해 시민권의 정의를 연구한 방대한 서적들이 존재한다. 대표적인 것들은 다음과 같다: Saskia Sassen, *Territory, Authority, Rights: From Medieval to Global Assemblages* (Princeton, NJ: Princeton University Press, 2006); Ruth Lister, *Citizenship: Feminist Perspectives*, 2nd edn (New York: New York University Press, 2003); Engin F. Isin and Bryan S. Turner (eds), *Handbook of Citizenship Studies* (London: Sage, 2002); Ayelet Shachar et al. (eds), *The Oxford Handbook of Citizenship* (Oxford, UK: Oxford University Press, 2017).

10 린다 보스니악Linda Bosniak은 이를 '지위적 시민권'이라 칭한다. Linda Bosniak, *The Citizen and the Alien: Dilemmas of Contemporary Membership* (Princeton, NJ: Princeton University Press, 2006).

11 Aihwa Ong, *Flexible Citizenship: The Cultural Logics of Transnationality* (Durham, NC: Duke University Press, 1999) 그리고 R. M. LeBlanc, *Bicycle Citizens: The Political World of the Japanese Housewife* (Berkeley, CA: University of California Press, 1999), Sassen, *Territory, Authority, Rights*에서 재인용함. 루스 리스터Ruth Lister는 시민권을 현실적 차원에서 논하는데, 이를 통해 시민이 창안한 시민권 개념의 더 급진적인 형태와 시민권 구성에 있어 권리(법)과 국가를 우선시하는 이론과 결합한다. Lister, *Citizenship: Feminist Perspectives*, 특히 8장을 참조하라.

12 루스 리스터는 도얄Doyal과 고프Gough를 인용하며 '기관을 통한 단순한 자치활동autonomy과 모든 정치 과정에서 민주적 참여를 동반하는 더 높은 수준의 비판적

자치'를 구분해야 함을 주장한다. Lister, *Citizenship: Feminist Perspectives*. 또한 Len Doyal and Ian Gough, *A Theory of Human Needs* (Basingstoke: Macmillan Press, 1991), 68을 참조하라.

13　Peter H. Schuck, "Liberal Citizenship," in Engin F. Isin and Bryan S. Turner (eds), *Handbook of Citizenship Studies* (London: Sage, 2002), 131-144. 세금 납부와 배심원단의 의무는 자유민주주의 국가에서 흔히 요구되는 가장 힘난한 의무에 속한다. 그리고 이 의무들이 타인, 보다 넓게는 정치에 대해 요구하는 실질적인 시민 참여의 수준은 매우 낮다. 심지어 시민에게 투표를 강요하는 국가도 거의 없는데, 호주와 벨기에, 네덜란드 정도만이 그 예외이다. Lisa Hill, "Low Voter Turnout in the United States: Is Compulsory Voting a Viable Option?," *Journal of Theoretical Politics* 18(2) (2006): 207을 참조하라. 의무와 책임에 대한 자세한 논의는 이 책의 4장에서 다룰 것이다.

14　이에 대한 자세한 논의는 3장에서 다룰 것이다.

15　예컨대 다음의 논의를 참조하라: Ayelet Shachar, *The Birthright Lottery: Citizenship and Global Inequality* (Cambridge, MA: Harvard University Press, 2009), 7.

16　Shachar, *The Birthright Lottery*.

17　후자에 대해서는 Ian Shapiro, *Democracy's Place* (Ithaca, NY: Cornell University Press, 1996), 235와 Robert Goodin, "Enfranchising All Affected Interests, and Its Alternatives," *Philosophy and Public Affairs* 35(1) (2007): 40-68을 참조하라. 구딘은 이 논제에 대한 연구가 프레드릭 웰란Frederick Whelan이 지적한 이래 거의 이루어지지 않았다고 언급한다. Frederick G. Whelan, "Democratic Theory and the Boundary Problem," in J. R. Pennock and J. W. Chapman (eds), *Nomos XXV: Liberal Democracy* (New York: New York University Press, 1983), 130-147. 구딘은 로버트 달을 인용하여 "이상하게도, 누가 적법하게 '인민'을 만들어내고 그들에게 스스로를 통치할 자격을 부여하는지에 대한 결정권의 문제는 민주주의를 논한 모든 위대한 정치철학자들에게서 간과되었다"고 썼다. Dahl, Goodin, "Enfranchising All Affected Interests, and Its Alternatives," 41에서 재인용.

18　Robert Dahl, *Democracy and Its Critics* (New Haven, CT: Yale University Press, 1989), 124. 그리스어 '데모스demos'는 대중 또는 딤deme(고대 그리스의 국가 내지는 행정 단위)을 의미한다. https://www.merriam-webster.com/dictionary/demos를 참조하라.

19　Dahl, *Democracy and Its Critics*, 124.

20　Dahl, 127.

21　Dahl, 129.

22　Bonnie Honig, *Democracy and the Foreigner* (Princeton, NJ: Princeton University Press, 2003).

23 Bryan S. Turner, "T. H. Marshall, Social Rights and English National Identity," *Citizenship Studies* 13(1) (2009): 65-73.
24 이 관점은 구성원의 자격을 정의하는 주체가 시민뿐이라는 주장과는 구분되는 것인데, 그것은 시민이 데모스(이후에는 국가)가 정의한 의무를 다하는 존재로서 규정되는 한 그러하다.
25 이러한 유형의 논리는 흔히 당연한 것으로 간주되거나 시민권 개념에 직접 포함되는 것이다. Adrian Oldfield, *Citizenship and Community: Civic Republicanism and the New World* (New York: Routledge, 1990); 그리고 Dawn Oliver and Derek Heater, *The Foundations of Citizenship* (London: Harvester Wheatsheaf, 1994)를 참조하라.
26 Tara Smith, "On Deriving Rights to Goods from Rights to Freedoms," *Law and Philosophy* 11(3) (1992): 217-234.
27 Leonard C. Feldman, *Citizens Without Shelter: Homelessness, Democracy, and Political Exclusion* (Ithaca, NY: Cornell University Press, 2004).
28 Frederick Cooper, *Citizenship, Inequality, and Difference: Historical Perspectives* (Princeton, NJ: Princeton University Press, 2018).
29 Mahmood Mamdani, *Citizen and Subject: Contemporary Africa and the Legacy of Late Colonialism* (Princeton, NJ: Princeton University Press, 2018). 또한 Frantz Fanon, *The Wretched of the Earth* (New York: Grove, 1961); Aimé Césaire, *Discourse on Colonialism* (New York: Monthly Review Press, 2000); and Edward Said, *Orientalism* (New York: Vintage, 1979)를 참조하라.
30 Ernest Renan, "What Is a Nation?" (Text of a Conference Delivered at the Sorbonne on March 11, 1882) in *Quest-Ce Qu'une Nation?*, Ethan Rundell 번역 (Paris: Presses-Pocket, 1992), Part III.

2장 시민권의 이론들

1 Richard Bellamy, *Citizenship: A Very Short Introduction* (Oxford, UK: Oxford University Press, 2008), 29.
2 Bellamy, *Citizenship*, 29.
3 Bellamy, *Citizenship*, 29.
4 Aristotle, *The Politics* (Cambridge, UK: Cambridge University Press, 1996), 62.
5 이는 한나 피트킨Hanna Pitkin이 쓴 대표의 성격에 대한 고전적 저술에서 등장한다.

Hanna Pitkin, *The Concept of Representation* (Berkeley, CA: University of California Press, 1972)를 참조하라.

6 Louis Hartz, *The Liberal Tradition in America: An Interpretation of American Political Thought Since the Revolution* (New York: Harcourt, Brace & World, 1955).

7 Bernard Bailyn, *The Ideological Origins of the American Revolution* (Cambridge, MA: Harvard University Press, 1967); J. G. A. Pocock, *The Machiavellian Moment: Florentine Political Thought and the Atlantic Tradition* (Princeton, NJ: Princeton University Press, 1975); Gordon Wood, *The Creation of the American Republic, 1776-1787* (New York: W. W. Norton, 1969).

8 Rogers Smith, *Civic Ideals: Conflicting Visions of Citizenship in US History* (New Haven: Yale University Press, 1997); 또한 다음을 참조하라: Richard Iton, "The Sound of Silence: Comments on 'Still Louis Hartz after all these Years,'" *Perspectives on Politics* 3(1) (2005): 111-115.

9 21세기 들어 '모든 사람men은 평등하게 창조되었고'라는 말이 거슬리는 것은 사실이다. 1848년에도 세네카 폴스 대회(미국 뉴욕주 세네카 폴스에서 열린 여성의 권리 대회 - 옮긴이)에서도 이 구절에 여성women을 추가하자는 주장이 있었다. 또한 서굿 마샬Thurgood Marshall이 지적한 바와 같이, 미국 헌법이 세속적 노예제도를 용인했다는 사실은 건국 선언문의 해방적인 수사가 거짓되다는 점을 보여준다. 예컨대 다음을 참조하라: Thurgood Marshall, "The Bicentennial Speech," 1987, https://web.archive.org/web/20180719033502/http://thurgoodmarshall.com/the-bicentennial-speech/.

10 John Locke, *Two Treatises on Government*, ed. Peter Laslett (Cambridge, UK: Cambridge University Press, 1988).

11 Locke, *Two Treatises on Government*.

12 Ghosh, *The Politics of the American Dream*; John Locke, "Essay Concerning Human Understanding," in *The Works of John Locke* (London: Thomas Tegg, 1963).

13 Jean-Jacques Rousseau, *The Social Contract* (New York: Penguin Books, 1964), 51.

14 Rousseau, *The Social Contract*, 51.

15 T. H. Marshall, *Class, Citizenship and Social Development: Essays* by T. H. Marshall (New York: Doubleday, 1965), 78.

16 예컨대 다음을 참조하라: Michael Mann, *The Sources of Social Power: Volume II* (Cambridge, UK: Cambridge University Press, 1993); Bryan S. Turner, "The Erosion of Citizenship," *British Journal of Sociology* 52(2) (2001): 189-209; Maria Pia Lara, "Democracy and Cultural Rights: Is There a New State of Citizenship?," *Constellations*

9(2) (2002): 207–20; and Maria Pia Lara, "Cultural Citizenship," in Engin F. Isin and Bryan S. Turner, *Handbook of Citizenship Studies* (London: Sage, 2002), 232–43.

17 시민적 권리의 여러 가지 의미에 대해서는 3장에서 다룰 것이다.

18 Elizabeth Jelin, "Towards a Global Environmental Citizenship," *Citizenship Studies* 4(1) (2000): 47–63을 참조하라. 또한 Andrew Dobson, *Citizenship and the Environment* (Oxford, UK: Oxford University Press, 2003); 그리고 Andrew Dobson, *Environmental Politics: A Very Short Introduction* (Oxford, UK: Oxford University Press, 2016)을 참조하라.

19 Robert Dahl, *Polyarchy* (New Haven, CT: Yale University Press, 1971), 36.

20 여기서는 폴리아키와 민주주의에 대한 달Dahl의 구분을 차용하지만, 최근의 저술들에서는 달이라면 폴리아키라고 이름붙였을 것들에 '민주주의'라는 용어를 사용함으로써 그의 구분을 채택하지 않거나 그 이전에 쓰인 저술과의 일관성을 유지하고 있다.

21 달은 '다수의 사람들 사이에서 이루어지는 민주주의의 요건'을 처음 제시하면서, 표현이나 결사와 같은 시민적 자유만을 열거하고 평등권이나 경제에 대한 접근권은 생략했다. 이것은 달이 그러한 권리가 대중 폴리아키와 상관없다고 생각해서가 아니라, 그의 이론적 모델 속에서 대다수 폴리아키의 차후 역사에서 발달한 시민적, 사회적 권리들이 사회 체제가 지닌 폴리아키적 본질에 핵심 요소로 여겨지지는 않았기 때문이다.

22 마사 누스바움Martha Nussbaum의 신아리스토텔레스주의적 가르침은 시민 공화주의가 포섭하지 않은 형태의 세계시민주의를 도입한다. Martha Nussbaum, "Aristotelian Social Democracy," in R. Bruce Douglass, Gerald M. Mara, and Henry S. Richardson (eds), *Liberalism and the Good* (New York: Routledge, 1990)을 참조하라.

23 자유주의와 공동체주의의 거대한 논쟁에 대한 요약은 다음을 참조하라: Michael J. Sandel, *Democracy's Discontent: America in Search of a Public Philosophy* (Cambridge, MA: Belknap Press, 1996), especially 3–25.

24 Richard Bellamy, *Citizenship*, 103.

25 Bellamy, *Citizenship*, 114.

26 Bellamy, *Citizenship*, 123.

27 Bellamy, *Citizenship*, 121. 그러나 또한 5장을 전체적으로 참조하라.

28 Bernard Crick, "Civic Republicanism and Citizenship: The Challenge for Today," in Andrew Lockyer and Bernard Crick (eds), *Active Citizenship: What Could It Achieve and How?* (Edinburgh: Edinburgh University Press, 2010), 23–24.

29 Crick, "Civic Republicanism and Citizenship," 23.
30 Michael Walzer, Dominique Leydet, "Citizenship," *Stanford Encyclopedia of Philosophy*, n.d., https://web.archive. org/web/20181211071153/https://plato.stanford.edu/entries/citizenship/에서 재인용.
31 간디는 하나의 예시일 뿐이다. 네루나 암베드카르(인도 건국 헌법을 제정한 독립 운동가 및 정치인 - 옮긴이)주의자, 또는 탈식민화의 이상을 위해 분투한 어떤 주요한 인물을 표방하는 이들에 대해서도 같은 이야기가 가능하다.
32 Thomas Janoski, *Citizenship and Civil Society: A Framework of Rights and Obligations in Liberal, Traditional, and Social Democratic Regimes* (Cambridge, UK: Cambridge University Press, 1998).

3장 시민권 이론의 변화

1 Judith Shklar, *American Citizenship: The Quest for Inclusion* (Cambridge, MA: Harvard University Press, 1991), 1.
2 Shklar, *American Citizenship*, 1-2; 또한 Elizabeth F. Cohen, *Semi-Citizenship in Democratic Politics* (New York: Cambridge University Press, 2009), 32-33을 참조하라.
3 Shklar, *American Citizenship*, 1-2.
4 Rogers Smith, "Beyond Tocqueville, Myrdal, and Hartz: The Multiple Traditions in America," *American Political Science Review* 87(3) (1993): 549; 그리고 Rogers Smith, *Civic Ideals: Conflicting Visions of Citizenship in US History* (New Haven, CT: Yale University Press, 1997).
5 예컨대 다음을 참조하라: Louis Hartz, *The Liberal Tradition in America: An Interpretation of American Political Thought since the Revolution* (New York: Harcourt, Brace & World, 1955).
6 다음을 참조하라: Erika Lee, *At America's Gates: Chinese Immigration During the Exclusion Era, 1882-1943* (Chapel Hill, NC: University of North Carolina Press, 2003).
7 Mae Ngai, *Impossible Subjects: Illegal Aliens and the Making of Modern America* (Princeton, NJ: Princeton University Press, 2014), 7.
8 Ruben Andersson, *Illegality, Inc.: Clandestine Migration and the Business of Bordering Europe* (Berkeley, CA: University of California Press, 2014).
9 Tara Zahra, *The Great Departure: Mass Migration from Eastern Europe and the*

Making of the Free World (New York: W. W. Norton, 2016).

10 Robert Legold, "Book Review: The Great Departure: Mass Migration from Eastern Europe and the Making of the Free World," *Foreign Affairs*, 2016, https://web.archive.org/web/20181202070630/https://www.foreignaffairs.com/reviews/capsule-review/2016-02-10/great-departure-mass-migration-eastern-europe-and-making-free.

11 Patrick Weil, *How to Be French: Nationality in the Making since 1789*, trans. Catherine Porter (Durham, NC: Duke University Press, 2008).

12 Linda Bosniak, *The Citizen and the Alien: Dilemmas of Contemporary Membership* (Princeton, NJ: Princeton University Press, 2006), 2.

13 예컨대 다음을 참조하라: Bosniak, *The Citizen and the Alien*, 15.

14 Ralf Dahrendorf, "Citizenship and Beyond: The Social Dynamics of an Idea," *Social Research* 41(4) (1974): 673–701.

15 Iris Marion Young, *Justice and the Politics of Difference* (Princeton, NJ: Princeton University Press, 1990).

16 Nancy Fraser, "From Redistribution to Recognition: Dilemmas of Justice in a 'Postsocialist' Age," *New Left Review* 1(212) (July/August) (1995): 68–93; Nancy Fraser, *Justice Interruptus: Critical Reflections on the "Postsocialist" Condition* (New York: Routledge, 1997)를 참조하라. 또한 Cyril Ghosh, *The Politics of the American Dream: Democratic Inclusion in Contemporary American Political Culture* (New York: Palgrave Macmillan, 2013), 특히 3장을 참조하라.

17 Young, *Justice and the Politics of Difference*.

18 Charles Taylor, "The Politics of Recognition," in Amy Gutmann (ed.), *Multiculturalism: Examining the Politics of Recognition* (Princeton, NJ: Princeton University Press, 1994).

19 미국에 거주하는 아프리카계 미국인들은 특수한 범주로 분류된다. 그들은 국가 차원에서 소수집단은 아니지만, 자발적 이민자의 후손도 아니다. 예컨대 Will Kymlicka, *Multicultural Citizenship: A Liberal Theory of Minority Rights* (Oxford, UK: Clarendon Press, 1995), 특히 2장을 참조하라.

20 Cohen, *Semi-Citizenship in Democratic Politics*.

21 Michael Lister, *Citizenship: Feminist Perspectives*, 2nd edn (New York: New York University Press, 2003); Michael Lister and Emily Pia, *Citizenship in Contemporary Europe* (Edinburgh: Edinburgh University Press, 2008).

22 Lister and Pia, *Citizenship in Contemporary Europe*, 37–38.

23 Lister, *Citizenship: Feminist Perspectives*, 9.

24 Carole Pateman, *The Sexual Contract* (Palo Alto, CA: Stanford University Press, 1988), 11.
25 Pateman, *The Sexual Contract*, 11.
26 Pateman, *The Sexual Contract*, 8.
27 Lister, *Citizenship: Feminist Perspectives*, 69.
28 Lister and Pia, *Citizenship in Contemporary Europe*, 33.
29 Nikki Graf, Anna Brown, and Eileen Patten, "The Narrowing, but Persistent, Gender Gap in Pay" (Pew Research Center, April 9, 2018), https://web.archive.org/web/20190105144658/http://www.pewresearch.org/fact-tank/2018/04/09/gender-pay-gap-facts/.
30 Lister and Pia, *Citizenship in Contemporary Europe*, 34.
31 Lister, *Citizenship: Feminist Perspectives*, 88.
32 앤 필립스Anne Phillips는 이 어려움에 대한 흥미로운 논점을 제시한다. Anne Phillips, *Democracy and Difference* (University Park, PA: The Pennsylvania State University Press, 1993).
33 Lister, *Citizenship: Feminist Perspectives*, 89.
34 Leti Volpp et al., "Feminist, Sexual, and Queer Citizenship," in Shachar et al. (eds), *The Oxford Handbook of Citizenship* (Oxford, UK: Oxford University Press, 2017).
35 'LGBT+'라는 줄임말은 시스젠더나 헤테로섹슈얼로 스스로를 정체화하지 않는 범주의 개인들을 규정하는 '포용적'인 방식을 대변한다. 예컨대 다음을 참조하라: BBC, "We Know What LGBT Means but Here's What LGBTQQIAAP Stands for," BBC News, June 25, 2015, https://web.archive.org/web/20190106065306/http://www.bbc.co.uk/newsbeat/article/33278165/we-know-what-lgbt-means-but-heres-what-lgbtqgiaap-stands-for. 또한 Cyril Ghosh, *Demoralizing Gay Rights - A Queer Critique of LGBT+ Rights Politics in the US* (New York: Palgrave, 2018)를 참조하라.
36 Diane Richardson, "Rethinking Sexual Citizenship," *Sociology* 51(2) (2017): 208-224.
37 그들은 30세 이상이거나 그들의 남편이 재산 요건을 충족해야 한다. BBC Radio 4, "Women's History Timeline," n.d., https://web.archive.org/web/20180717050437/http://www.bbc.co.uk/radio4/woman-shour/timeline/1910.shtml를 참조하라.
38 Heather Pincock, "Can Democratic States Justify Restricting the Rights of Persons with Mental Illness? Presumption of Competence, Voting, and Voting Rights," *Politics, Groups, and Identities* 6(1) (2018): 20-38; 또한 Judith Lynn Failer, *Who Qualifies for Rights? Homelessness, Mental Illness, and Civil Commitment* (Ithaca, NY: Cornell University Press, 2002)를 참조하라.

39   Failer, *Who Qualifies for Rights?*, 111.
40   Failer, *Who Qualifies for Rights?*, 8.
41   Pincock, "Can Democratic States Justify Restricting the Rights of Persons with Mental Illness?," 23.
42   Ryan Kelley, "Toward an Unconditional Right to Vote for Persons with Mental Disabilities: Reconciling State Law with Constitutional Guarantees," *Boston College Third World Law Journal* 30(2) (2010): 393.
43   Kelley, "Toward an Unconditional Right to Vote for Persons with Mental Disabilities," 393.
44   Pincock, "Can Democratic States Justify Restricting the Rights of Persons with Mental Illness?," 25–26.
45   Stacey Clifford Simplican, *The Capacity Contract: Intellectual Disability and the Question of Citizenship* (Minneapolis, MN: University of Minnesota Press, 2015), 4.
46   Simplican, *The Capacity Contract*, 9.
47   Elizabeth F. Cohen, "Neither Seen Nor Heard: Children's Citizenship in Contemporary Democracies," *Citizenship Studies* 9(2) (2005): 221.
48   Cohen, "Neither Seen Nor Heard."
49   Robert Dahl, *Democracy and Its Critics* (New Haven, CT: Yale University Press, 1989), 127.
50   예컨대 다음을 참조하라: Onora O'Neill, "Children's Rights and Children's Lives," *Ethics* 98(3) (1989): 445–463.
51   Matthew Clayton, *Justice and Legitimacy in Upbringing* (Oxford, UK: Oxford University Press, 2006).
52   David Archard, *Children, Family and the State* (Burlington, VT: Ashgate, 2003).
53   Philip Cowley and David Denver, "Votes at 16? The Case Against," *Representation* 41(1) (2004): 57–62.
54   Tak Wing Chan and Matthew Clayton, "Should the Voting Age Be Lowered to Sixteen? Normative and Empirical Considerations," *Political Studies* 54 (2006): 533–558.
55   Howard Cohen, *Equal Rights for Children* (Totowa, NY: Littlefield, Adams and Company, 1980); Laurence D. Houlgate, *The Child and the State: A Normative Theory of Juvenile Rights* (Baltimore, MD: Johns Hopkins University Press, 1980); John Wall, "Can Democracy Represent Children? Toward a Politics of Difference," *Childhood* 19(1) (2011): 86–100.

56 Steven Morris, "Over-16s to Get Voting Rights in Some Welsh Elections," *Guardian*, January 28, 2018, https://web.archive.org/web/20180503080237/https://www.theguardian.com/ politics/2018/jan/28/over-16s-voting-rights-welsh-elections.

57 Ian Shapiro, *Democratic Justice* (New Haven, CT: Yale University Press, 1999). 또한 David Archard, *Children: Rights and Childhood* (London: Routledge, 2004), 70을 참조하라.

58 P. Veerman and H. Levine, "Implementing Children's Rights on a Local Level: Narrowing the Gap between Geneva and the Grassroots," *International Journal of Children's Rights* 8(4) (2001): 373-384.

59 D. Stasiulis, "The Active Child Citizen: Lessons from Canadian Policy and the Children's Movement," *Citizenship Studies* 6(4) (2002): 507-538.

60 Tom Cockburn, *Rethinking Children's Citizenship* (New York: Palgrave-Macmillan, 2013)

61 Yasemin Soysal, "Postnational Citizenship: Rights and Obligations of Individuality," in Kate Nash and Alan Scott (eds), *The Wiley-Blackwell Companion to Political Sociology* (Hoboken, NJ: Wiley Blackwell, 2012), http://www.blackwellreference.com/public/tocnode?id=g9781444330939_chunk_g978144433093936.

62 Yasemin Soysal, "Postnational Citizenship," Heinrich Böll Stiftung, n.d., https://web.archive.org/web/20190106013534/https://heimatkunde.boell.de/2011/05/18/postnational-citizenship-rights-and-obligations-individuality.

63 Wendy Brown, *Walled States, Waning Sovereignty* (New York: Zone Books, 2010).

64 Brown, *Walled States*, 21.

65 Soysal, "Postnational Citizenship," 383-393.

66 Saskia Sassen, "Towards Post-National and Denationalized Citizenship," in Engin F. Isin and Bryan S. Turner (ed.), Handbook of Citizenship Studies (London: Sage, 2002), 279-80, https://web.archive.org/web/20180721072340/http://www.columbia.edu/~sjs2/PDFs/Towards_Post-National_and_Denationalized_Citizenship.pdf.

67 Sassen, "Towards Post-National and Denationalized Citizenship," 281.

68 Wendy Zimmerman and Karen Tumlin, "Patchwork Policies: State Assistance for Immigrants Under Welfare Reform," in *Occasional Paper No. 24*, 1999, https://web.archive.org/web/20180706225611/https://www.urban.org/sites/default/files/publication/69586/309007-Patchwork-Policies-State-Assistance-for-Immigrants-under-Welfare-Reform.PDF

69 Jenn Kinney and Elizabeth F. Cohen, "Multilevel Citizenship in a Federal State: The Case of Noncitizens' Rights in the United States," in Willem Maas (ed.), *Multilevel Citizenship* (Philadelphia: The University of Pennsylvania Press, 2013), 70-86.

70 Willem Maas, "Multilevel Citizenship," in Ayelet Shachar et al. (eds), *The Oxford Handbook of Citizenship* (Oxford, UK: Oxford University Press, 2017), 644-668.

71 Maas, "Multilevel Citizenship," 653.

72 Sheryl Lightfoot, "The International Indigenous Rights Discourse and Its Demands for Multilevel Citizenship," in Maas (ed.), *Multilevel Citizenship*, 128.

73 Lightfoot, "The International Indigenous Rights Discourse and Its Demands for Multilevel Citizenship," 142.

74 Rogers Smith, "Attrition Through Enforcement in the 'Promiseland': Overlapping Memberships and the Duties of Governments in Mexican America," in Maas (ed.), *Multilevel Citizenship*, 43-69.

75 Maas, "Multilevel Citizenship," 660-662.

76 Maas, "Multilevel Citizenship," 661; 또한 Els de Graauw, *Making Immigrant Rights Real: Nonprofits and the Politics of Integration in San Francisco* (Ithaca, NY: Cornell University Press, 2016)을 참조하라.

77 Maas, "Multilevel Citizenship," 661; 또한 Karthick Ramakrishnan and Allan Colbern, "The California Package: Immigrant Integration and the Evolving Nature of State Citizenship," *Policy Matters* 6(3) (2015): 1-19; 그리고 Allan Colbern and S. Karthick Ramakrishnan, *State Citizenship: A New Framework for Rights in the United States* (Cambridge University Press)을 참조하라.

78 Maas, "Multilevel Citizenship," 653.

79 Kees Groenendijk, "The Status of Quasi-Citizenship in EU Member States: Why Some States Have 'Almost Citizens,'" in Rainer Bauböck et al., *Acquisition and Loss of Nationality, Volume 1: Comparative Analyses: Policies and Trends in 15 European Countries* (Amsterdam: Amsterdam University Press, 2006), 411-430.

80 Seyla Benhabib, *The Rights of Others: Aliens, Residents, and Citizens* (New York: Cambridge University Press, 2004).

81 Rainer Bauböck, *Transnational Citizenship: Membership and Rights in International Migration* (Brookfield, VT: Edward Elgar, 1994), 20.

82 Kok-Chor Tan, "Cosmopolitan Citizenship," in Shachar et al. (eds), *The Oxford Handbook of Citizenship*.

83 Tan, "Cosmopolitan Citizenship."

84 Bonnie Honig, *Democracy and the Foreigner* (Princeton, NJ: Princeton University Press, 2003), 13.

85 Honig, *Democracy and the Foreigner*, 104.

86 Andrew C. Revkin, "Beyond Rio: Pursuing 'Ecological Citizenship,'" *New York Times*, June 25, 2012, https://web.archive.org/web/20190106042716/https://dotearth.blogs.nytimes.com/2012/06/25/beyond-rio-pursuing-ecological-citizenship/.

87 Dobson, *Citizenship and the Environment*.

88 Dobson, *Citizenship and the Environment*, 80.

89 Gill Seyfang, "Ecological Citizenship and Sustainable Consumption: Examining Local Organic Food Networks," *Journal of Rural Studies* 22(4) (2006): 383–395.

90 Dobson, *Citizenship and the Environment*, 89.

91 Dobson, *Citizenship and the Environment*, 89.

92 Andrew Dobson, *Environmental Politics: A Very Short Introduction* (Oxford, UK: Oxford University Press, 2016), 28.

93 Dobson, *Environmental Politics*, 28.

94 Mark Rowlands, *Animal Rights: All That Matters* (London: Hodder Stoughton, 2013), 108–9.

95 Rowlands, *Animal Rights*, 108–109.

96 Dobson, *Environmental Politics*, 29.

97 Peter Singer, *Animal Liberation*, 2nd edn (New York: New York Review of Books, 1990), 8.

98 Sue Donaldson and Will Kymlicka, *Zoopolis: A Political Theory of Animal Rights* (Oxford, UK: Oxford University Press, 2011), 4.

99 Donaldson and Kymlicka, *Zoopolis*, especially 40–43.

100 Donaldson and Kymlicka, *Zoopolis*, especially 55–61.

101 Donaldson and Kymlicka, *Zoopolis*, 57.

102 Donaldson and Kymlicka, *Zoopolis*, 64.

103 Donaldson and Kymlicka, *Zoopolis*, especially 101–155.

104 Donaldson and Kymlicka, *Zoopolis*, especially 156–209.

105 Donaldson and Kymlicka, *Zoopolis*, 210–251.

4장 현실에서의 시민권

1 "Research Report: Compulsory Voting Around the World" (The Electoral Commission, June 2006), 7, https://web.archive.org/web/20180715045905/https://www.electoralcommission.org.uk/_data/assets/electoral_commission_pdf_file/0020/16157/ ECComp Votingfinal_22225-16484_E_N_S_W_.pdf.
2 준시민에 대한 3장의 논의를 참조하라. 또한 Elizabeth F. Cohen, *Semi-Citizenship in Democratic Politics* (New York: Cambridge University Press, 2009)를 참조하라.
3 Rainer Bauböck, "Stakeholder Citizenship: An Idea Whose Time Has Come?," in *Delivering Citizenship: The Transatlantic Council on Migration* (Gütersloh: Verlag Bertelsmann Stiftung, 2008), 7.
4 Patrick Weil, "Access to Citizenship: A Comparison of Twenty Five Nationality Laws," in T. Alexander Aleinikoff and Douglas Klusmeyer (eds), *Citizenship Today: Global Perspectives and Practices* (Washington, DC: Carnegie Endowment for International Peace, 2001), 17–35.
5 Weil, "Access to Citizenship."
6 Weil, "Access to Citizenship."
7 Weil, "Access to Citizenship."
8 Rogers Brubaker, *Citizenship and Nationhood in France and Germany* (Cambridge, MA: Harvard University Press, 1992), 91.
9 Brubaker, *Citizenship and Nationhood in France and Germany*, 95.
10 Brubaker, *Citizenship and Nationhood in France and Germany*, 85–86.
11 Brubaker, *Citizenship and Nationhood in France and Germany*, 114. 혈통주의를 향한 이 심한 의존은 20세기 말 들어서 마침내 변화하였다.
12 Brubaker, *Citizenship and Nationhood in France and Germany*, 119.
13 Brubaker, *Citizenship and Nationhood in France and Germany*, 119–120.
14 Brubaker, *Citizenship and Nationhood in France and Germany*, 120.
15 Weil, "Access to Citizenship." 또한 다음을 참조하라: Ayelet Shachar, "The Race for Talent: Highly Skilled Migrants and Competitive Immigration Regimes," *NYU Law Review* 81 (April) (2006): 148–206, especially 188–192.
16 추가적인 설명은 다음을 참조하라: Weil, "Access to Citizenship"; 또한 다음을 참조하라: United States Citizenship and Immigration Services, U.S. *Citizenship for an Adopted Child*, n.d., https://web.archive.org/web/20180715163439/https://www.uscis.

gov/adoption/bringing-your-internationally-adopted-child-united-states/us-citizenship-adopted-child; 그리고 Kim Rubenstein, "Citizenship in Australia: Unscrambling Its Meaning," *Melbourne University Law Review* 20(2) (1995): 503–527, 506.

17　Dominique Leydet, "Citizenship," *Stanford Encyclopedia of Philosophy*, n.d., https://web.archive.org/web/20181211071153/https://plato.stanford.edu/entries/citizenship/

18　Leydet, "Citizenship."

19　Bauböck, Leydet, "Citizenship"에서 재인용.

20　Bauböck, "Stakeholder Citizenship: An Idea Whose Time Has Come?," 4.

21　Ayelet Shachar, *The Birthright Lottery: Citizenship and Global Inequality* (Cambridge, MA: Harvard University Press, 2009).

22　Shachar, The Birthright Lottery, 16.

23　Joseph Kurian, "Expanding the Idea of India," *The Hindu*, July 15, 2016, https://web.archive.org/web/20190106042838/https://www.thehindu.com/opinion/op-ed/Expanding-the-Idea-of-India/article14488980.ece.

24　United States Citizenship and Immigration Services, "Citizenship Rights and Responsibilities," n.d., https://web.archive.org/web/20181222105450/https://www.uscis.gov/citizenship/learners/citizenship-rights-and-responsibilities.

25　미국에서는 시민이 아닌 자들에게 투표권이 주어지지 않는 것으로 알려져 있다. 그러나 보니 호니그Bonnie Honig는 『민주주의와 외국인Democracy and the Foreigner』에서 밝힌 바와 같이, 메릴랜드나 뉴욕, 시카고 등 일부 사법체계하에서 비시민 거주자들은 지역 교육 위원회와 지방선거에 사실상의 투표권이 허용된다. Bonnie Honig, *Democracy and the Foreigner* (Princeton, NJ: Princeton University Press, 2003), 102.

26　EY, "2017–18 Worldwide Personal Tax and Immigration Guide," n.d., https://web.archive.org/web/20180715190653/https://www.ey.com/gl/en/services/tax/worldwide-personal-tax-and-immigration-guide--country-list.

27　EY, "2017–18 Worldwide Personal Tax and Immigration Guide."

28　EY, "2017–18 Worldwide Personal Tax and Immigration Guide."

29　Hossein Mahdavy and M. A. Cook, "The Pattern and Problems of Economic Development in Rentier States: The Case of Iran," in *Studies in the Economic History of the Middle East* (Oxford, UK: Oxford University Press, 1970).

30　John McKinnon, "Tax History: Why US Pursues Citizens Overseas," The Wall Street Journal, May 18, 2012, https://web.archive.org/web/20181019114851/https://blogs.

wsj.com/washwire/2012/05/18/tax-history-why-u-s-pursues-citizens-overseas.

31 McKinnon, "Tax History: Why US Pursues Citizens Overseas."

32 Patrick Wintour, "Boris Johnson Among Record Number to Renounce American Citizenship in 2016," The Guardian, February 9, 2017, https://web.archive.org/web/20181224191317/https://www.theguardian.com/politics/2017/feb/08/boris-johnson-renounces-us-citizenship-record-2016-uk-foreign-secretary.

33 Richard Bellamy, *Citizenship: A Very Short Introduction* (Oxford, UK: Oxford University Press, 2008).

34 United States Courts, "Jury Service," n.d., https://web.archive.org/web/20181227170823/http://www.uscourts.gov/services-forms/jury-service; 또한 Peter Spiro, "The (Dwindling) Rights and Obligations of Citizenship," *William & Mary Bill of Rights Journal* 21(3) (2013): 913을 참조하라.

35 Government of Ontario, Canada, "General Information about Jury Duty," Ontario Ministry of the Attorney General, n.d., https://web.archive.org/web/20181224042858/https://www.attorneygeneral.jus.gov.on.ca/english/courts/jury/general_jury_duty_info.php.

36 Government of the United Kingdom, "Juries Act, 1974," n.d., https://web.archive.org/web/20180803104100/http://www.legislation.gov.uk/ukpga/1974/23/pdfs/ukpga_19740023_en.pdf.

37 호주 수도 특별 지역 내에서는, "지역 선거인 명부에 이름이 올라와 있는 모든 남녀는, 자격이 박탈되거나 배심원 의무에서 배제된 경우를 제외하고는 배심원단으로 활동할 책임이 있다." Government of Australia, "Juries, No. 47 of 1967," n.d., https://web.archive.org/web/20160309085701/http://www.legislation.act.gov.au/a/1967-47/19680101-44861/pdf/1967-47.pdf; 또한 Rubenstein, "Citizenship in Australia: Unscrambling Its Meaning"을 참조하라.

38 Dennis Hale, *The Jury in America: Triumph and Decline* (Lawrence, KS: University of Kansas Press, 2016), 1–2.

39 Hale, *The Jury in America: Triumph and Decline*, 2.

40 James A. Dorn, "Abolish Jury 'Draft'", CATO Institute, July 24, 2006, https://web.archive.org/web/20160324005722/https://www.cato.org/publications/commentary/abolish-jury-draft; Walter Olson, "Why Do People Detest Jury Duty? (Hint: It's Compulsory)," CATO Institute, March 2, 2012, https://web.archive.org/web/20170308102757/https://www.cato.org/blog/why-do-people-detest-jury-duty-hint-its-compulsory; Walter Olson, "Juries on Trial," *Reason*, February 1995, https://web.archive.

org/web/20170711004733/http://reason.com/archives/1995/02/01/juries-on-trial.

41 Hale, *The Jury in America: Triumph and Decline*, 1n.
42 Rubenstein, "Citizenship in Australia: Unscrambling Its Meaning," 511.
43 British Broadcasting Service, "Religions," BBC, n.d., https://web.archive.org/web/20180715193049/http://www.bbc.co.uk/religion/religions/witnesses/customs/customs.shtml.
44 Government of the United Kingdom, "Jury Service," Delaying or Being Excused from Jury Service, n.d., https://web.archive.org/web/20180714115110/https://www.gov.uk/jury-service/delaying-or-being-excused-from-jury-service.
45 Government of the United Kingdom, "Jury Service."
46 Government of the United Kingdom, "Jury Service."
47 Derek Heater, *A Brief History of Citizenship* (Edinburgh: Edinburgh University Press, 2004), 7–8.
48 Central Intelligence Agency, "The World Factbook: Military Service Age and Obligation," n.d., https://web.archive.org/web/20180716003832/https://www.cia.gov/library/publica-tions/the-world-factbook/fields/2024.html.
49 Central Intelligence Agency, "Israel," World Factbook, n.d., https://web.archive.org/web/20180715194329/https://www.cia.gov/library/publications/the-world-factbook/geos/is.html.
50 Selective Service System, "Who Must Register," n.d., https://web.archive.org/web/20180715194016/https://www.sss.gov/Registration-Info/Who-Registration.
51 Australian Election Commission, "Compulsory Voting," n.d., https://web.archive.org/web/20180715211955/https://www.aec.gov.au/Voting/Compulsory_Voting.htm.
52 Australian Election Commission, "Compulsory Voting."
53 "연방 선거에서 투표하지 못하는 타당하고 충분한 사유를 지역 선거관리위원에게 제시하지 않은 자, 또는 해당 사안을 지방 법원에서 다루기를 원하지 않는 자는 20달러의 벌금에 처한다." Australian Election Commission, "Electoral Offences," n.d., https://web.archive.org/web/20180715212200/https://aec.gov.au/Elections/australian_electoral_system/electoral_procedures/Electoral_Offences.htm.
54 "Research Report: Compulsory Voting Around the World," 7.
55 "Research Report: Compulsory Voting Around the World," 7-8.
56 브라질의 경우 예컨대 다음을 참조하라: Government of Brazil - Superior Electoral Court, "Voting Is Compulsory for Brazilians Aged 18 to 70," n.d., https://web.archive.org/web/20180716010811/http://english.tse.jus.br/noticias-tse-en/2014/Outubro/voti

ng-is-compulsory-for-brazilians-aged-18-to-70.

57   Adam Donald, "Immigration Points-Based Systems Compared," *British Broadcasting Service*, June 1, 2016, https://web.archive.org/web/20180819133654/https://www.bbc.com/news/uk-politics-29594642.

58   Government of Canada, "Six Selection Factors - Federal Skilled Workers (Express Entry)," n.d., https://web.archive.org/web/20180715223631/https://www.canada.ca/en/immigration-refugees-citizenship/services/immigrate-canada/express-entry/eligibility/federal-skilled-workers/six-selection-factors-federal-skilled-workers.html.

59   Government of Canada, "Six Selection Factors."

60   Government of Australia, "Skilled Independent Visa (Subclass 189) (Points-Tested) Stream," n.d., https://web.archive.org/web/20180715224027/https://www.homeaffairs.gov.au/Trav/Visa-1/189-. Australia grants a special track for immigrants from New Zealand.

61   Government of New Zealand, "About This Visa: Skilled Migrant Category Resident Visa," n.d., https://web.archive.org/web/20180715224216/https://www.immigration.govt.nz/new-zealand-visas/apply-for-a-visa/about-visa/skilled-migrant-category-resident-visa.

62   Donald, "Immigration Points-Based Systems Compared."

63   Shachar, "The Race for Talent."

64   Shachar, "The Race for Talent," 181–182.

65   British Broadcasting Service, "US Immigration Proposals: What's in the Raise Act?," August 3, 2017, https://web.archive.org/web/20180717120532/https://www.bbc.com/news/world-us-canada-40814625.

66   Government of Australia, "Distinguished Talent Visa (Subclass858)," n.d., https://web.archive.org/web/20180715224807/https://www.homeaffairs.gov.au/Trav/Visa-1/858-.

67   Government of the United Kingdom, Tier 1 (Exceptional Talent) Visa, n.d., https://web.archive.org/web/20180715225002/https://www.gov.uk/tier-1-exceptional-talent.

68   Shachar, "The Race for Talent," 186–192.

69   Shachar, "The Race for Talent," 186–187.

70   Elizabeth F. Cohen, *The Political Value of Time: Citizenship, Duration, and Democratic Justice* (Cambridge University Press, 2018); Elizabeth F. Cohen, "The Political Economy of Immigrant Time: Rights, Citizenship and Temporariness in the Post-1965 Era," *Polity* 47(3) (2015): 337–351.

71   Government of Canada, "Physical Presence Calculator," n.d., https://web.archive.org/web/20180715225435/https://eservices.cic.gc.ca/rescalc/redir.do?redir=faq. 이 일수는

계속 변화한다. 최근 몇 년간은, 보수 정부하에서 증가하고 진보 정부하에서 감소하는 추세가 나타났다. 예컨대 다음을 참조하라: Library of Congress, "Global Legal Monitor," https://web.archive.org/web/20181101030913/http://www.loc.gov/law/foreign-news/article/canada-bill-amending-the-citizenship-act-receives-royal-assent/.

72   United States Citizenship and Immigration Services, "Path to US Citizenship," n.d., https://web.archive.org/web/20180715225654/https://www.uscis.gov/us-citizenship/citizenship-through-naturalization/path-us-citizenship.

73   Carol Swain, ed., *Debating Immigration* (Cambridge, UK: Cambridge University Press, 2007).

74   이 표현에는 몇 가지 다른 의미가 함축되어 있다. 예를 들어, 이민에 대한 학술 문헌에서, 연쇄 이민은 동향의 다른 이민자들이 정착한 특정한 장소로 따라 이동하는 과정을 의미한다. 이는 부분적으로 사회 관계망 이론으로 설명할 수 있다. 즉 구세대와 신세대 이민자들 간의 연쇄 이민 현상은 연대감, 가족적, 혈통적 유대를 증진하고 사회적 연결을 확산시킨다. 예컨대 다음을 참조하라: John S. MacDonald and Leatrice D MacDonald, "Chain Migration Ethnic Neighborhood Formation and Social Networks," *The Milbank Memorial Fund Quarterly* 42(1) (1964): 82–97.

75   Jennifer Ludden, "1965 Immigration Law Changed Face of America," *National Public Radio*, May 9, 2006, https://web.archive.org/web/20181123071124/https://www.npr.org/templates/story/story.php?storyId=5391395.

76   Ludden, "1965 Immigration Law."

77   Tom Jelten, "The Immigration Act that Inadvertently Changed America," *Atlantic*, October 2, 2015, https://web.archive.org/web/20181208003246/https://www.theatlantic.com/politics/archive/2015/10/immigration-act-1965/408409.

78   Nicholas Jones, "Let Immigrants Reunite with Their Parents: NZ People's Party," *New Zealand Herald*, July 7, 2017, https://web.archive.org/web/20181009012654/https://www.nzherald.co.nz/nz/news/article.cfm?c_id=1&objectid=11886934.

79   Jones, "Let Immigrants Reunite with Their Parents."

80   Government of New Zealand, "Upcoming Increases to Minimum Income Thresholds," n.d., https://web.archive.org/web/20180715233226/https://www.immigration.govt.nz/about-us/media-centre/news-notifications/upcoming-increases-minimum-income-thresholds.

81   Radio New Zealand, "Dramatic Fall in Skilled Immigrants Applying to Be Residents," October 31, 2017, https://web.archive.org/web/20180715233356/https://www.radionz.

82 Radio New Zealand, "Dramatic Fall in Skilled Immigrants Applying to Be Residents."

83 Government of New Zealand, "Parent Category Questions and Answers: New Zealand Residence Programme," n.d., https://web.archive.org/web/20180715233720/https://www.immigration.govt.nz/about-us/media-centre/news-notifications/new-zealand-residence-programme-changes/ nzrp-parent-category.

84 Kim Gittleson, "Where Is the Cheapest Place to Buy Citizenship?," British Broadcasting Service, June 4, 2014, https://web.archive.org/web/20180715233907/https://www.bbc.com/news/business-27674135.

85 Ayelet Shachar, "Citizenship for Sale?," in Ayelet Shachar et al. (eds), *The Oxford Handbook of Citizenship* (Oxford, UK: Oxford University Press, 2017).

86 United States Citizenship and Immigration Services, "EB-5 Immigrant Investor Program," n.d., https://web.archive.org/web/20180715234515/https://www.uscis.gov/eb-5.

87 United States Citizenship and Immigration Services, "EB-S Investors," n.d., https://web.archive.org/web/20180715234802/https://www.uscis.gov/working-united-states/permanent-workers/employment-based-immigration-fifth-preference-eb-5/eb-5-investors.

88 United States Citizenship and Immigration Services, "EB-S Immigrant Investor Program."

89 키프로스는 2013년 중반에 '키프로스 투자자 귀화 계획'이라는 고유한 프로그램을 실행하였다. Sergio Carrera, "How Much Does EU Citizenship Cost? The Maltese Citizenship-for-Sale Affair: A Breakthrough for Sincere Cooperation in Citizenship of the Union?," *CEPS Papers in Liberty and Security in Europe*, 2014, 10, https:// web.archive.org/web/20180715235034/https://www.ceps.eu/system/files/LSE%20No%2064%20Price%20of%20EU%20 Citizenship%20final2.pdf를 참조하라.

90 Government of Malta, "Individual Investor Programme," n.d., https://web.archive.org/web/20180715235314/http://iip. gov.mt/.

91 Al Jazeera and the Associated Press, "Malta Bows to EU, Amends Controversial 'Citizenship for Sale' Program," *Al Jazeera*, January 30, 2014, https://web.archive.org/web/20180716011426/http://america.aljazeera.com/articles/2014/1/30/malta-amends-controversialcitizenship-forsaleprogram.html. 투자 프로그램을 통해 몰타 시민권을 취득한 많은 이들은 EU 시민권의 자유로운 거주이전 조항에 따라 그것을 영국이나 프랑스, 독일 등 다른 나라에 거주하기 위한 수단으로 사용하였다. 몰타는 유럽연합 집행 기관의 개입 이후 해당 요건을 개정하였다. 특히 Willem Maas, "European Governance of Citizenship and Nationality," *Journal of Contemporary*

European Research 12(1) (2016): 532-551을 참조하라.

92 Government of Austria, "Current Residence Abroad - Granting of Austrian Citizenship," n.d., https://web.archive.org/web/20180716001134/https://www.wien.gv.at/english/administration/civilstatus/citizenship/abroad.html.

93 Atossa Araxia Abrahamian, "Special Report: Passports... for a Price," Reuters, February 12, 2012, https://web.archive.org/web/20180729042602/https://www.reuters.com/article/us-passport/special-report-passports-for-a-price-idUSTRE81B05A20120212.

94 Gittleson, "Where Is the Cheapest Place to Buy Citizenship?"

95 Shachar, "Citizenship for Sale?"

96 Carrera, "How Much Does EU Citizenship Cost?"

97 Carrera, "How Much Does EU Citizenship Cost?"

98 Ran Hirschl and Ayelet Shachar, "On Citizenship, States, and Markets," *Journal of Political Philosophy* 22(2) (2014): 232.

99 US Census estimate for December 31, 2016: https://www.census.gov/popclock/.

100 Claire Felter and James McBride, "Backgrounder: How Does the US Refugee System Work?," Council on Foreign Relations, October 10, 2017, https://web.archive.org/web/20180716012209/https://www.cfr.org/backgrounder/how-does-us-refugee-system-work.

101 Phillip Connor, "US Resettles Fewer Refugees, Even as Global Number of Displaced People Grows" (Pew Research Center, October 12, 2017), https://web.archive.org/web/20180716012447/http://www.pewglobal.org/2017/10/12/u-s-resettles-fewer-refugees-even-as-global-number-of-displaced-people-grows/.

102 UNHCR, "Canada's 2016 Record High Level of Resettlement Praised by UNHCR," April 24, 2017, https://web.archive.org/web/20180716012638/http://www.unhcr.org/en-us/news/press/2017/4/58fe15464/canadas-2016-record-high-level-resettlement-praised-unhcr.html.

5장 위태로운 시민권

1 UNHCR, "Global Trends - 2017," 2017, https://web.archive.org/web/20180704035305/http://www.unhcr.org/ globaltrends2017/.

2 UNHCR, "Global Trends - 2017."

3 UNHCR, "Global Trends - 2017."

4   UNHCR, "Global Trends - 2017."
5   UNHCR, "Global Trends - 2017."
6   UNHCR, "Refugee Facts - What Is a Refugee?," 2018, https://web.archive.org/web/20180704044840/https://www.unrefugees.org/refugee-facts/what-is-a-refugee/.
7   United Nations, *Convention and Protocol Relating to the Status of Refugees*, 1951, 2, https://web.archive.org/web/20181023033213/https://cms.emergency.unhcr.org/documents/11982/55726/Convention+relating+to+the+Status+of+Refugees+(signed+28+July+1951%2C+entered+into+force+22+April+1954)+189+UNTS+150+and+Protocol+relating+to+the+Status+of+Refugees+(signed+31+January+1967%2C+entered+into+force+4+October+1967)+606+UNTS+267/0bf3248a-cfa8-4a60-864d-65cdfece1d47.
8   United Nations, *Convention and Protocol Relating to the Status of Refugees*, 14.
9   United Nations, *Convention and Protocol Relating to the Status of Refugees*, 30.
10 UNHCR, "Global Trends - 2017."
11 UNHCR, "Refugee Facts - What Is a Refugee?"
12 UNHCR, "Refugee Facts - What Is a Refugee?"
13 United States Citizenship and Immigration Services, "Temporary Protected Status," 2018, https://web.archive.org/web/20180705065759/https://www.uscis.gov/humanitarian/temporary-protected-status.
14 UNHCR, "Global Trends - 2012," 2012, https://web.archive.org/web/20180705225327/http://www.unhcr.org/globaltrendsjune2013/UNHCR%20GLOBAL%20TRENDS%202012_V05.pdf.
15 Anne Stevenson and Rebecca Sutton, "There's No Place Like a Refugee Camp? Urban Planning and Participation in the Camp Context," *Refuge* 28(1) (2011): 137-48. 또한 베이루트의 팔레스타인 난민이 겪는 다음의 '지연된 존재' 논의를 참조하라: Diana Martin, "From Spaces of Exception to 'Campscapes': Palestinian Refugee Camps and Informal Settlements in Beirut," *Political Geography* 44 (2015): 9-14.
16 Stevenson and Sutton, "There's No Place Like a Refugee Camp?," 141.
17 Stevenson and Sutton, "There's No Place Like a Refugee Camp?," 138.
18 Stevenson and Sutton, "There's No Place Like a Refugee Camp?," 141.
19 Ed Schenkenberg van Mierop, "UNHCR and NGOs: Competitors or Companions in Refugee Protection?," Migration Policy Institute, 2004, https://web.archive.org/web/20180705233859/https://www.migrationpolicy.org/article/unhcr-and-ngos-competitors-or-companions-refugee-protection.

20 Aude Mazoue and Rachel Holman, "What Is Britain Doing to Help the Calais Migrant Crisis?," France 24, October 26, 2015, https://web.archive.org/web/20181212114040/http://www.france24.com/en/20151021-france-cazeneuve-calais-jungle-britain-role-resolving-refugee-migrant-crisis.

21 UNHCR, "Global Trends - 2017."

22 UNHCR, "Resettlement," 2018, https://web.archive.org/web/20180705231054/http://www.unhcr.org/en-us/reset-tlement.html.

23 UNHCR, "UNHCR - Projected Global Resettlement Needs - 2019," n.d., 9, https://web.archive.org/web/20180713041442/http://www.unhcr.org/5b28a7df4.

24 UNHCR, "Resettlement," 2018.

25 UNHCR, "Resettlement," 2018.

26 UNHCR, "Resettlement," 2018.

27 UNHCR, "Resettlement," 2018.

28 UNHCR, "Resettlement," 2018.

29 UNHCR, "UNHCR - Projected Global Resettlement Needs - 2019," 10.

30 W. H., "The Economist Explains: Why Climate Migrants Do Not Have Refugee Status." *Economist*, March 6, 2018, https://web.archive.org/web/20180923143454/https://www.economist.com/the-economist-explains/2018/03/06/why-climate-migrants-do-not-have-refugee-status.

31 W. H., "The Economist Explains Why Climate Migrants Do Not Have Refugee Status."

32 Nina Lakhani, "'He Will Kill Me If He Sees Me Again': Abused Women Seek Refuge in Mexico," *The Guardian*, June 7, 2017, https://web.archive.org/web/20181229235922/https://www.theguardian.com/global-development/2017/jun/07/women-refugees-domestic-violence-mexico.

33 UN Women, "Take Five: Fighting Femicide in Latin America," February 15, 2017, https://web.archive.org/web/20181130163306/http://www.unwomen.org/en/news/stories/2017/2/take-five-adriana-quinones-femicide-in-latin-america.

34 UNHCR, "UNHCR's Views on Gender Based Asylum Claims and Defining 'Particular Social Group' to Encompass Gender," November 2016, https://web.archive.org/web/20180706035323/http://www.unhcr.org/en-us/5822266c4.pdf.

35 Alexander Betts, *Survival Migration: Failed Governance and the Crisis of Displacement* (Ithaca, NY: Cornell University Press, 2013).

36 Betts, *Survival Migration*.

37 Martin, "From Spaces of Exception to 'Campscapes.'"
38 Martin, "From Spaces of Exception to 'Campscapes,'" 16.
39 Martin, "From Spaces of Exception to 'Campscapes,'" 16.
40 UNHCR, "Statelessness," n.d., https://web.archive.org/web/20180705071306/http://www.unhcr.org/en-us/statelessness.html.
41 UNHCR, "Ending Statelessness," 2018, https://web.archive.org/web/20180713042434/http://www.unhcr.org/en-us/ stateless-people.html.
42 Article 15 of the UDHR grants a right to nationality. United Nations, "The Universal Declaration of Human Rights," 1948, https://web.archive.org/web/20181230003322/http://www.un.org/en/universal-declaration-human-rights/.
43 UNHCR, "Convention on the Reduction of Statelessness," 1961,3, https://web.archive.org/web/20180927122902/http://www.unhcr.org/en-us/protection/statelessness/3bbb286d8/convention-reduction-statelessness.html.
44 UNHCR, "Convention Relating to the Status of Stateless Persons," 1954, 3, https://web.archive.org/web/20180807032637/http://www.unhcr.org/en-us/protection/statelessness/3bbb25729/convention-relating-status-stateless-persons.html.
45 UNHCR, "Convention Relating to the Status of Stateless Persons," 1954, 3.
46 UNHCR, "Ending Statelessness."
47 UNHCR, "The State of the World's Refugees – A Humanitarian Agenda," n.d., https://web.archive.org/web/ 20180705072117/http://www.unhcr.org/3eb7ba7d4.pdf.
48 UNHCR, "The State of the World's Refugees - A Humanitarian Agenda."
49 UNHCR, "The State of the World's Refugees - A Humanitarian Agenda.
50 Patrick Weil, *The Sovereign Citizen* (Philadelphia: University of Pennsylvania Press, 2012), 8/313 [e-book].
51 Weil, *Sovereign Citizen*, 8/313.
52 Weil, *Sovereign Citizen*, 8/313.
53 Maryellen Fullerton, "The Intersection of Statelessness and Refugee Protection in US Asylum Policy," *Journal on Migration and Human Security* 2(3) (2014): 144.
54 Fullerton, "The Intersection of Statelessness and Refugee Protection in US Asylum Policy."
55 BBC News, "Myanmar Rohingya: What You Need to Know about the Crisis," BBC, April 24, 2018, https://web.archive. org/web/20190103214619/https://www.bbc.com/news/world-asia-41566561.

56 Eleanor Albert, "Backgrounder: The Rohingya Crisis," Council on Foreign Relations, April 20, 2018, https://web.archive.org/web/20180716035904/https://www.cfr.org/backgrounder/rohingya-crisis.

57 Albert, "Backgrounder: The Rohingya Crisis."

58 Albert, "Backgrounder: The Rohingya Crisis."

59 BBC News, "Myanmar Rohingya."

60 BBC News, "Myanmar Rohingya."

61 BBC News, "Myanmar Rohingya."

62 Al Jazeera, "Who Are the Rohingya?," April 18, 2018, https://web.archive.org/web/20180716040230/https://www.aljazeera.com/indepth/features/2017/08/rohingya-muslims-170831065142812.html.

63 Al Jazeera, "Who Are the Rohingya?"

64 BBC News, "Myanmar Rohingya."

65 Sarah Gibbens, "Myanmar's Rohingya Are in Crisis - What You Need to Know," National Geographic, September 29, 2017, https://web.archive.org/web/20180716040438/https://news.nationalgeographic.com/2017/09/rohingya-refugee-crisis-myanmar-burma-spd/.

66 CNN, "The Rohingya Crisis," n.d., https://web.archive.org/web/20180716040654/https://www.cnn.com/specials/asia/rohingya.

67 Gibbens, "Myanmar's Rohingya Are in Crisis - What You Need to Know."

68 BBC News, "Myanmar Rohingya."

69 Albert, "Backgrounder: The Rohingya Crisis."

70 Al Jazeera, "Who Are the Rohingya?"

71 Al Jazeera, "Who Are the Rohingya?"

72 Gibbens, "Myanmar's Rohingya Are in Crisis - What You Need to Know."

73 BBC News, "Myanmar Rohingya."

74 Gibbens, "Myanmar's Rohingya Are in Crisis - What You Need to Know."

75 Gibbens, "Myanmar's Rohingya Are in Crisis - What You Need to Know."

76 Albert, "Backgrounder: The Rohingya Crisis."

77 Albert, "Backgrounder: The Rohingya Crisis."

78 Reuters, "Myanmar Says 'Seriously Concerned' over War Crimes Prosecutor Move on Rohingya Jurisdiction," April 13, 2018, https://web.archive.org/web/20180625092457/https://www.reuters.com/article/us-myanmar-rohingya-court/myanmar-says-seriously-concerned-over-war-crimes-prosecu-tor-move-on-rohingya-jurisdiction-idUSKBN1HK

1QA.

79 David Miller, *Strangers in Our Midst: The Political Philosophy of Immigration* (Cambridge, MA: Harvard University Press, 2016), 166.

80 Miller, *Strangers in Our Midst*, 168. 또한 다음을 참조하라: Betts, *Survival Migration: Failed Governance and the Crisis of Displacement.*

81 "UNHCR Viewpoint: 'Refugee' or 'Migrant' - Which Is Right?," July 11, 2016, https://web.archive.org/web/20181229174353/https://www.unhcr.org/55df0e556.html.

82 UNHCR, "Europe Situation," n.d., https://web.archive.org/web/20180716231541/http://www.unhcr.org/en-us/europe-emergency.html.

83 UNHCR, "Mediterranean Crisis 2015 at Six Months: Refugee and Migrant Numbers Highest on Record," July 1, 2015, https://web.archive.org/web/20180802052259/http://www.unhcr.org/5592b9b36.html.

84 Eurostat, "Eurostat News Release: Asylum in the EU Member States," March 4, 2016, https://web.archive.org/web/20180727054523/http://ec.europa.eu/eurostat/documents/2995521/7203832/3-04032016-AP-EN.pdf/790eba01-381c-4163-bcd2-a54959b99ed.

85 Maïa de la Baume, "Angela Merkel Defends Open Border Migration Policy," *Politico*, August 27, 2017, https://web. archive.org/web/20180614214934/https://www.politico.eu/article/angela-merkel-defends-open-border-migration-refugee-policy-germany/.

86 Philipp Adorf, "Angela Merkel's Governing Alliance Is Increasingly Frayed. Here's Why," *The Washington Post*, July 3, 2018, https://web.archive.org/web/20190106041311/https://www.washingtonpost.com/news/monkey-cage/wp/2018/07/03/angela-merkels-governing-alliance-is-increas-ingly-frayed-heres-why/?utm_term=.01bc33c65alf.

87 "EU Floats New Asylum System, Seeks to Stop 'Asylum Shopping,'" *Fox News Channel*, July 13, 2016, https://web.archive.org/web/20180615135156/http://www.foxnews.com/world/2016/07/13/eu-floats-new-asylum-system-seeks-to-stop-asylum-shopping.html.

88 Harriet Grant and John Domokos, "Dublin Regulation Leaves Asylum Seekers with Their Fingers Burnt," *The Guardian*, October 7, 2011, https://web.archive.org/web/20180814003801/https://www.theguardian.com/world/2011/oct/07/dublin-regulation-european-asylum-seekers.

89 Grant and Domokos, "Dublin Regulation Leaves Asylum Seekers with Their Fingers Burnt."

90 Grant and Domokos, "Dublin Regulation Leaves Asylum Seekers with Their Fingers Burnt."

91	Maryellen Fullerton, "Asylum Crisis Italian Style: The Dublin Regulation Collides with European Human Rights Law," *Harvard Human Rights Journal* 29 (2016): 57-134.
92	Fullerton, "Asylum Crisis Italian Style."
93	Miller, *Strangers in Our Midst*, 171.
94	Miller, *Strangers in Our Midst*, 171-172.
95	Miller, *Strangers in Our Midst*, 특히 3장을 참조하라.
96	Seyla Benhabib, *The Rights of Others: Aliens, Residents, and Citizens* (New York: Cambridge University Press, 2004), 2.
97	Benhabib, *The Rights of Others*, 220.
98	Benhabib, *The Rights of Others*, 11.
99	Benhabib, *The Rights of Others*, 11.
100	Benhabib, *The Rights of Others*, 19.
101	Kant, Benhabib에서 인용, *The Rights of Others*, 27.
102	Benhabib, *The Rights of Others*, 30.
103	Benhabib, *The Rights of Others*, 49.
104	Benhabib, *The Rights of Others*, 36.
105	Benhabib, *The Rights of Others*, 66.
106	Arendt, Benhabib에서 인용, *The Rights of Others*, 50.
107	Benhabib, *The Rights of Others*, 54.
108	Arendt, Benhabib에서 인용, *The Rights of Others*, 55.
109	Benhabib, *The Rights of Others*, 179.
110	Benhabib, *The Rights of Others*, 19.
111	Benhabib, *The Rights of Others*, 181.
112	Benhabib, *The Rights of Others*, 221.
113	Benhabib, *The Rights of Others*, 221.
114	Benhabib, *The Rights of Others*, 221.
115	Joseph Carens, "Aliens and Citizens: The Case for Open Borders," *Review of Politics* 49(2) (1987): 251-273. 또한 Joseph Carens, *The Ethics of Immigration* (Oxford, UK: Oxford University Press, 2013), especially 225-254를 참조하라.
116	Carens, "Aliens and Citizens," 252.
117	Carens, "Aliens and Citizens," 253.
118	Carens, "Aliens and Citizens," 255.

119 Carens, "Aliens and Citizens," 257.
120 Carens, "Aliens and Citizens," 257.
121 Carens, "Aliens and Citizens," 258.
122 Carens, "Aliens and Citizens," 258. 솔직히 말하면, 카렌스는 공공의 질서가 위협받을 때에는 롤스가 예외를 허용할 가능성을 인정하고 있다.: 259-261.
123 Carens, "Aliens and Citizens," 263-264.
124 Walzer, Carens, "Aliens and Citizens," 265에서 재인용.
125 Carens, "Aliens and Citizens," 266.
126 Carens, "Aliens and Citizens," 267.
127 Carens, "Aliens and Citizens," 267.
128 Carens, "Aliens and Citizens," 270.
129 Joseph Carens, "The Case for Amnesty," *Boston Review*, May 1, 2009, https://web.archive.org/web/20190104045604/http://bostonreview.net/forum/case-amnesty-joseph-carens.
130 Bauböck, "Stakeholder Citizenship: An Idea Whose Time Has Come?"
131 Miller, *Strangers in Our Midst*, 62.
132 Miller, *Strangers in Our Midst*, 58.
133 Miller, *Strangers in Our Midst*, 64.
134 Miller, *Strangers in Our Midst*, 64.
135 Sarah Song, "Why Does the State Have the Right to Control Immigration?," in *Nomos LVII: Immigration, Emigration, Migration*, ed. Jack Knight (New York University Press, 2017), 23/307 [e-book].
136 Song, "Why Does the State Have the Right to Control Immigration?"
137 Song, "Why Does the State Have the Right to Control Immigration?"
138 Song, "Why Does the State Have the Right to Control Immigration?"; 강조는 원저자가 한 것이다.
139 Song, "Why Does the State Have the Right to Control Immigration?"
140 Song, "Why Does the State Have the Right to Control Immigration?," 35/307.
141 Song, "Why Does the State Have the Right to Control Immigration?," 37/307.
142 Arash Abizadeh, "Democratic Theory and Border Coercion: No Right to Unilaterally Control Your Own Borders," *Political Theory* 36(1) (2008): 37-65.
143 Song, "Why Does the State Have the Right to Control Immigration?," 42/307.

144 Miller, *Strangers in Our Midst*, 74.

145 Christopher Bertram, *Do States Have the Right to Exclude Immigrants?* (Cambridge, UK: Polity Press, 2018), 91/135 [e-book].

146 Bertram, *Do States Have the Right to Exclude Immigrants?*, 93/135.

147 Bertram, *Do States Have the Right to Exclude Immigrants?*, 69/135.

148 Adam Cox, "Three Mistakes in Open Borders Debates," in Jack Knight (ed.), *Nomos LVII: Immigration, Emigration, Migration* (New York: New York University Press, 2017), 62/307 [e-book].

149 Cox, "Three Mistakes in Open Borders Debates"; 강조는 원저자가 한 것이다.

150 Cox, "Three Mistakes in Open Borders Debates."

151 Cox, "Three Mistakes in Open Borders Debates."

찾아보기
Index

ㄱ

가부장적　　　　　　　　　61, 105-106
강제 송환 금지　　　　　　　　161, 164
개념
　　개념적 모호성　　　　　　　　　26
　　본질적으로 논쟁적인 개념　　8, 21,
　　　31-32, 89
　　이분법적 개념　　　　　　　　　20
개방 국경　　　　9, 181, 185, 188, 190
개인, 개인주의　33, 76-77, 81-82, 102, 106
경제적 이민자　　　　　　161, 163, 175
계몽　　　　　　　　　　　　　　　66
　　계몽사상　　　　　　　　　　　65
　　계몽주의　　　　　　51, 61, 73, 126
(고대) 그리스　　50, 58, 63, 106, 131-132,
　　　143-144, 175-177
고액순자산보유자　　　　　　　　　151
공동체주의　72, 82-83, 104, 181, 183, 196
공리주의, 공리주의자　123-124, 181-183
교육　　　62, 71, 78, 83, 137, 147, 186
　　공교육　　　　　　　　　　7, 79

의무교육　　　　　　　　　　　　133
국가중심주의　　　　　　　　　　　23
국내 실향민　26, 157, 159, 161-162, 171,
　　174
국적 박탈, 국적 박탈자　157, 167, 179
군복무　　　　　　104, 132, 133, 139, 143
귀속, 귀속적　　　　　　　　92, 99-100
그린 카드　　　　　　　　　　141, 147
근대적 시민권　　　　　　　　　　　69
기간제 근로자(노동자)　20, 103, 137-138,
　　144
기여, 기여도　134, 141, 145-147, 150-153
기회의 평등　　　　　　　　　　　178

ㄴ

남수단　　　　　　　　　　　　　158
네덜란드　　　　　　　　　　　　147
네팔　　　　　　　　　　　　　　164
노르웨이　　　　　　　　　　　　147
뉴질랜드　　　　　　　25, 130, 147, 150
능력　　　　　　　43, 75, 120, 145-149

ㄷ

다문화주의 시민권 23
다문화주의, 다문화주의자 6, 23, 100
다민족 102
다중 국적 98
단계적 시민권 104
대리 모델 62, 77
데니즌 10, 97-98, 118, 120, 125, 132, 144
데이비드 밀러 175-176, 185-186, 188-189
덴마크 133
도덕 확장주의 122, 123, 173, 174
도미니카 공화국 152, 170
독일 6, 97, 133, 134, 147, 169, 175, 210
동의 38, 42, 44, 185
동화, 동화주의 108, 133, 148-149

ㄹ

라이너 바우뵈크 119, 135, 185
라이시테 101
랄프 다렌도르프 96
러시아 94, 133
레바논 158, 164, 166-167, 174
로마, 로마제국 50, 58, 63
로버트 달 42-43, 80-81, 111, 193, 196
로저스 브루베이커 133
로저스 스미스 22, 92, 99, 117, 125
로힝야, 로힝야족 26, 170-174
루스 리스터 106-107, 192
리처드 벨라미 58, 83

ㅁ

마이클 샌델 83
마이클 왈저 84, 181, 183-184
마지즌 10
마흐무드 맘다니 50
말레이시아 170-171, 173-174
망명, 망명자 26, 98, 154, 157-161, 166-168, 176
몰타 152, 210
몽테스키외 70
무국적, 무국적자 9, 26, 157-159, 165, 167-170, 173, 179, 189
무능력 42
미국 6, 18, 20, 22, 24-25, 45, 51-52, 58, 64, 66, 68-69, 74, 92-94, 98, 104-106, 108, 114-117, 130, 133-134, 137-143, 147-151, 153, 162, 164, 169-170, 174, 183, 195, 198, 205
미국 독립선언문 66, 68, 70
미얀마 26, 158, 164, 170-172
미허가 이주민 98
민권법 93
민족(성) 10, 32, 41, 52-54, 61, 84, 102, 115, 137, 160, 167, 169
민족주의 6, 53, 108, 172, 186

ㅂ

바레인 140
박탈
　국적 박탈 26, 94, 158, 169-170
　권리 박탈 98, 99, 104, 107-110, 163, 167
　권한 박탈 99
　선거권 박탈 78
　시민권 박탈 26, 169
　자격 박탈 206
　투표권 박탈 110
박해 26, 94, 157, 160-162, 166, 170-171

방글라데시　　　　　　　170-173
배심원　　　18, 139, 141, 193, 206
뱅자맹 콩스탕　　　　　　　101
버거리법　　　　　　　　　108
벨기에　　　　　　116, 133, 193
불법　　　　　　　　　　　188
　불법 이민자　　　　　　　95
　불법 입국자　　　　　138, 143
　불법 체류　　　　　　　　20
브라질　　　　　　　　130, 207
비자　　8, 17, 19, 143, 148, 150, 152
빌렘 마스　　　　　　　　　115

ㅅ

사람에 대한 범죄법　　　　　108
사회계약　　　　　　　　68, 70
사회계약론　　58, 61, 64-67, 69-71, 74
생존적 이민　　　　　　166, 175
세계 인권 선언　　　　　160, 178
세금　　　　18, 79, 138, 140, 193
세일라 벤하비브　　　　119, 178-181
소말리아　　　　　　　　　158
소임　　　　　　　　　136-137
스웨덴　　　　　　　　　　147
스코틀랜드　　　　　　111, 118
스파르타　　　　　　　131, 143
스페인　　　　　　　　　　133
시리아　　　　　　158, 164, 174-175
시민 공화주의　22, 57, 59, 66, 72, 81-82,
　　　84-85, 92, 122, 145, 196
시민권
　(시민권의) 결정요인　25, 129-131
　그리스 시민권　　50, 58, 63, 132
　근대성(근대적 시민권)　48, 59, 64, 67,

　　　69, 75, 125, 163
　다중(적) 시민권　　23-24, 104, 115
　로마 시민권　　　　　50, 58, 63
　반인간중심주의 시민권(인간중심주의
　　　반대론)　　　　　　　23, 85
　분화된 시민권　　　　　99, 107
　생태적 시민권(생태 시민권)　　23,
　　　121-122
　세계시민주의　6, 24, 119-121, 181, 196
　아동, 아동 시민권　109, 111-114, 137,
　　　150
　이중적 시민권(이중 시민권)　23-24, 115
　준시민권　　102-103, 109, 111, 158
　초국가적 시민권　　　113, 118-119
　출생시민권　　　　　18-20, 41-42
　투자에 의한 시민권　　　　　151
　페미니스트, 페미니스트 시민권　23,
　　　104-107, 109, 113
　환경적 시민권　　　　23, 121-122
시민적 권리　20, 44, 46, 48-49, 74-76,
　　　79-81, 97, 108-109, 112
시민적 및 정치적 권리에 관한 국제 규약
　　　　　　　　　　　　　187
신민　　　22, 30, 50-53, 65, 103, 141
신아리스토텔레스주의　　　　72, 82
신탁 모델　　　　　　　62, 77-78
실천지　　　　　　　　　　60
싱가포르　　　　　　130, 144, 152

ㅇ

아라시 아비자데　　　　　187-188
아르헨티나　　　　　　　　144
아리스토텔레스　　　59-60, 63, 122
아미쉬　　　　　　　　　　142

아예렛 샤하르　　135, 147, 152, 185
아이리스 매리언 영　49, 99-100, 102, 107
아이티　　170
아일랜드　　133
아테네, 아테네인　60-63, 76, 131, 141
　아테네 시민권　　62
아프가니스탄　　158, 175
아프리카　　50
　남아프리카　　133
　동아프리카　　51
　북아프리카　　94, 98, 140
　서아프리카　　51, 94
　아프리카계　　92, 198
　중앙아프리카　　51
알렉산더 베츠　　166, 175
앤드류 돕슨　　121-123
어린이: 시민권 참조　　23, 78, 95
에리트레아　　140, 169
LGBT+　　107-108, 199
여권　　10, 17, 35, 52, 104, 152, 168
역량 계약　　110
영구 거주, 영구 거주자　118, 179, 184
영국　65, 69, 105-106, 108, 133, 141-142, 147, 164, 169, 171-172, 210
영주권, 영주권자　25, 52, 130, 138, 144, 148-149, 151-152, 161-162
오스트리아　　147, 152
외국인　　63, 131
요르단　　164, 174
우간다　　50
움마　　53
월터 브라이스 갈리　　21, 31, 32
웨일즈　　111
웬디 브라운　　114

윌 킴리카　　23, 76, 101-102, 123-125
유대인　　53, 94
유럽연합(EU)　115, 118-119, 151-152, 174-176, 210
　더블린 규정　　176
　유럽 인권 재판소　　176
　칼레　　164
　프론텍스　　93
유사 시민권　　23-24, 118
유엔난민기구(UNHCR)　159-160, 164, 166, 168
은밀한 이민　　93
의료복지　　78-79, 96
의무　18, 25, 36, 38, 50, 60, 68, 72, 76, 84-85, 91, 110-111, 113-114, 121-122, 124, 129-130, 132, 136-144, 148, 160, 178-179, 184, 194
의무투표　　143-144
이분법적 구분　　114
이분법적 모델　　104
이사야 벌린　　47
이스라엘　　114, 143
이슬람　　53
이탈리아　　175-177
인간과 시민의 권리 선언　　69-70
인간됨　　23, 113-114
인도　　51, 85, 171-172
인도네시아　　170, 174
인신매매　　165, 174, 177
인종　33, 41, 49-50, 92-94, 114, 117, 160-161, 170, 172
인종 블라인드　　101
임마누엘 칸트　　119, 177-180
임시 보호 신분　　153

ㅈ

자유민주주의　7, 25-26, 38, 44, 75, 79, 83-84, 96-97, 102-103, 110, 119, 129-130, 133, 135, 140, 193
자유주의　22-23, 57-58, 61, 71-73, 76, 81-84, 92, 97, 99-100, 102, 104-105, 122, 145, 196
장 자크 루소　22, 58, 61, 65, 69-72, 76
장애 복지법　110
장애, 장애인　23, 44, 48, 78, 109, 124
재입국, 재정착　35, 52, 161-164, 166-167
점수 계산　25, 145-146
정신 질환　109-111, 113
제러미 벤담　122-123
젠더　49, 92, 100, 104-109
조지프 카렌스　181-185, 218
존 로크　22, 58, 65-68, 70-71, 75, 186
존슨-리드법　93
주디스 슈클라　90
중국인 배척법　93
중동　98, 140
중립성　101
중앙아메리카　98, 165
진정한 관계의 원칙　136, 146, 185

ㅊ

책임　36, 46, 61, 77, 84, 110, 113, 120, 130-131, 136-138
체류 기간　129, 134, 147
출생지주의　7, 41, 132-135, 154, 168
취업 허가　19
칠레　144

ㅋ

카이만 제도　140
캐나다　18-19, 25, 116, 130, 133, 141-142, 146-148, 151, 153, 164, 174
캐롤 페이트먼　105
커버추어법　105-106
케냐　164
코레마츠 대 미국 판결　93
쿠웨이트　140, 170

ㅌ

탈분화　100-101
태국　170
토마스 험프리 마샬　58, 73-74, 78-80, 83, 96, 140
토마스 홉스　65-67, 69
토착민　51, 117
투자　130, 134, 145-146, 151-153
튀르키예　143-144, 158, 164, 174-175
특권(특혜)　47, 66, 104, 113, 120, 136-137, 139, 162, 168, 181-182

ㅍ

파나마　144
팔레스타인　114, 167, 170, 212
패트릭 웨일　94, 133, 169
페루　130, 144
포르투갈　152
폴리아키(다두정)　80-81, 196
프랑스　51, 64-65, 69-70, 94, 97, 101, 133, 147, 169, 210
피터 스피로　24, 115
피터 싱어　123

ㅎ

한나 아렌트　　82-83, 119, 177-180
행정적 합리성　　21, 90
헌법
　　미국 헌법　　69-70, 110, 195
　　수정 헌법　　92, 139
　　인도 헌법　　84, 137, 197
혈통주의　25, 41, 97, 132-135, 168, 204
협약
　　난민의 지위에 관한 협약　159, 160, 166
　　무국적자 감소에 관한 협약　168
　　무국적자의 지위에 관한 협약　167
　　아동권리협약　　112
호주　25, 84, 130, 133, 141-142, 144, 147-149, 164, 193, 206
혼인, 혼인주의　25, 129-130, 134, 168, 173

시민권
누가 시민이 되는가

초판 발행 2025년 11월 20일

지은이 엘리자베스 코언, 시릴 고시
옮긴이 권용진
펴낸이 김성배

책임편집 최장미
디자인 엄혜림
제작 김문갑

발행처 도서출판 씨아이알
출판등록 제2-3285호(2001년 3월 19일)
주소 (04626) 서울특별시 중구 필동로8길 43(예장동 1-151)
전화 (02) 2275-8603(대표) | **팩스** (02) 2265-9394
홈페이지 www.circom.co.kr

ISBN 979-11-6856-342-1 (93340)

* 책값은 뒤표지에 있습니다.
* 파본은 구입처에서 교환해드리며, 관련 법령에 따라 환불해드립니다.
* 이 책의 내용을 저작권자의 허가 없이 무단 전재하거나 복제할 경우 저작권법에 의해 처벌받을 수 있습니다.